Anita Bind-Klinger

Wasser – Ursprung und Element des Lebens

Anita Bind-Klinger

WASSER

Ursprung und Element des Lebens

Ein praktischer Ratgeber
zu einem tieferen Verständnis
der Heilkraft des Wassers

Aquamarin Verlag

Deutsche Originalausgabe

Aquamarin Verlag GmbH
Voglherd 1 • D-85567 Grafing

Das Titelbild zeigt eine künstlerische Arbeit von
Heidi Schmidinger
Franz-Winkler-Str. 5 • D-83512 Wasserburg
Tel. 08071/2660 • foto@heidischmidinger.de

Umschlaggestaltung: Annette Wagner

Druck: Ebner & Spiegel • Ulm

ISBN 3-89427-237-6

Inhalt

Meinen sichtbaren und unsichtbaren Lehrern gewidmet

Einleitung

Wasser, Wasser, Wasser – eines der faszinierendsten Themen unserer Zeit. Ist es gerade die Alltäglichkeit und Selbstverständlichkeit, die uns das Besondere und Einzigartige am Wasser übersehen lässt? Alles Leben hängt ganz wesentlich vom Wasser ab. Wasser kann man von unterschiedlichen Blickwinkeln aus betrachten. Wasser spendet Leben und unterhält Leben jeglicher Art. Wasser löst und reinigt. Wasser kann überfluten und hinwegschwemmen. Wasser kann Informationen tragen.

Das Wasser zu erforschen, bringt uns grundlegende Erkenntnisse über uns selbst und das Leben mit anderen, über die Natur ebenso wie über das menschliche Netzwerk. Die Wissenschaft steht in Bezug auf Wasser noch vor manchem Rätsel. Die Erkundung und Untersuchung des Wassers war zwar zu allen Zeiten wichtig, scheint aber doch letztlich unergründlich zu sein.

Heißt unser *blauer* Planet nicht deshalb so, weil der größte Anteil unserer Erde von Ozeanen gebildet wird? Mehr als siebzig Prozent der Erdoberfläche sind von Wasser in seinen verschiedensten Aggregatzuständen bedeckt. Ein Teil der Wassermenge schwebt in der Atmosphäre in Form von Nebel und Wolken. Große Mengen schlummern in Firn und Eis in den Bergen und an den Planetenpolen. Dem körperlichen Kreislaufnetz von Arterien, Kapillaren und Lymphbahnen entspricht analog das Kreislaufgewebe der Flüsse und Bäche unseres Planeten. Die Erde weist Grundwasser und Regenwasserreservoire auf, so wie wir Menschen im Körper Wasserdepots in den Zellen und Zellzwischenräumen haben. Interessant sind die vielen verschiedenen Analogien zwischen „Wasser und Mensch" und „Wasser und Erde".

Wasser ist unzerstörbar. Es verändert sich in perfekter Kommunikation mit der jeweiligen Umgebungstemperatur und passt sich geschickt den verschiedenen Seinsformen (Aggregatzuständen) an. Unter normalen atmosphärischen Bedingungen ist Wasser jene Flüssigkeit, die für uns den Inbegriff alles Flüssigen darstellt.

Laotse sagte über das Wasser, es sei härter als Stein, denn steter Tropfen höhle den Stein. Der Zen-Meister Roshi wies seine Schüler immer wieder an, das *Wasser als etwas Lebendiges zu behandeln, denn auf das Wasser zu achten, sei Ausdruck der wahren Natur.* Wenn man auf das Wasser genau achtet, beginnt man den Unterschied zwischen Stillstand und Bewegung, zwischen Etwas und Nichts, Innen und Außen, Offenkundigem und Unscheinbarem zu begreifen. Man lernt etwas über das Fließen wie ein Strom, das Schwimmen mit der Flut und die Anwendung und Auswirkung von Druck. Wer schon einmal eine Überschwemmung oder einen verheerenden Küstensturm erlebt hat, weiß, welche überwältigende Kraft das Wasser hat; und jeder hat schon die kühl erfrischenden Nebel und sanften Dämpfe des Wassers gespürt, das Glitzern der Tautropfen und die leuchtenden Farben des Regenbogens.

Paulo Coelho spricht in einem seiner Romane vom Wasser als dem *weiblichen Antlitz Gottes.* Wasser scheint immer zu wissen, was es ist und wo es ist. Aus sich selbst heraus bewegt es sich nicht und kommt doch überall hin. Dogen sagte: *„Alle Ströme fließen aus ein und derselben Quelle."* Wasser ist Träger der Lebensenergie (Chi), die durch das Zusammenwirken von Yin und Yang entsteht. In der traditionellen chinesischen Medizin (TCM) ist Wasser das verbindende Glied zwischen den fünf Ebenen der menschlichen Existenz: Körper, Geist, Lebensenergie, Gefühl und Verstand.

Well bedeutet im Englischen neben „wohl, gut, gesund" auch noch „Brunnen und Quelle". So haben die Wörter Wohl, Welle, Wolke und Quelle (*spring*) dieselbe Herkunft, mit der Bedeutung Ursprung und Lebenskraft. Wasser führt uns an die Quelle unseres Seins; und diese Quelle liegt nicht im Äußeren. Quellen oder Brunnen sind selbstverständlich auch im Äußeren zu finden – doch der Weg des Wassers meint die *innere Quelle.* Sich an ihr zu laben, aufzutanken, mitzufließen und sich zu erinnern – so meistert das Bewusstsein leicht seinen Alltag. *Ich erkenne mich, und aus meinem Erkennen werde ich neu* – das könnte ein Leitsatz des elementaren Wassers sein. Gleichzeitig könnte es ein Leitmotiv für das Mensch-Sein werden.

Dieses Buch versucht, aus verschiedenen Blickwinkeln mehrere Wege aufzuzeigen, von denen jeder einzelne lohnt, beachtet zu werden. Was könnte im Detail geschehen?

- Das Lesen des Buches könnte das alltägliche Bewusstsein im Umgang mit Wasser als einem der Elemente (Erde, Feuer, Wasser, Luft, Äther) entwickeln und durch die vertieften Erkenntnisse einen neuen Umgang wecken.
- Wir könnten auf die Qualität des Wassers aufmerksam werden und über das Mehrwissen (Meer-Wissen) für uns selbst *ein gutes Wasser* finden, damit uns die zunehmenden Informationen über Apparaturen zur Wasseraufbereitung weniger verwirren oder überfluten.
- Wir könnten durch ein tieferes Verständnis über die Wirkung des Wassers im menschlichen Stoffwechsel unsere Gesundheit stärken, indem wir bewusst mehr mineralarmes Wasser trinken.
- Wir könnten ein Verständnis bekommen, was Wasser-Cluster und das magnetische Verhalten mit uns als Menschen zu tun haben.
- Wir könnten dem Geheimnis des Wassers etwas näher rücken und erkennen, dass es so viel mehr als die lebensspendende und vorantreibende Kraft im Lebensfluss ist. Wasser kann ein Botschafter des Geistes sein.
- Wir könnten respektieren, dass die kleinsten Wasserkristalle, ebenso wie wir selbst, Gesichter aufweisen, die Lust haben, sich zu zeigen.
- Wir könnten uns ein individuelles Heilwasser herstellen, indem wir die Bereitschaft des Wassers nutzen, um Informationen zu transportieren. Wasser hat ein Gedächtnis.
- Wir könnten Wasser als Lösungsmittel, als Auflösungsmittel, sogar als Erlösungsmittel für uns prüfen und damit inneren Wandlungsfähigkeiten und zeitgerechten Entwicklungen neue Chancen geben.

- Wir könnten mehr über die Themen des beginnenden Wassermann-Zeitalters erfahren.
- Wir könnten die Informationen über Wasser lesen und das Buch mit all dem Neuen zur Seite legen – und das wäre auch in Ordnung.

Worte können auf unterschiedliche Weise gelesen (und verstanden) werden. Je nach „Tonfall" könnte man eine belehrende Geste oder eine ans Innere gerichtete Frage erkennen. Stets bleibt die Arbeit mit Wasser ein sehr persönliches Gebiet des eigenen Ausprobierens und Erforschens.

Die Informationen dieses Buches sind kein Ersatz für fundierte medizinische oder therapeutische Beratungen. Ich erteile keine medizinischen Ratschläge und empfehle weder direkt noch indirekt, verordnete Medikamente abzusetzen oder eine laufende Therapie zu unterbrechen. Im Gegenteil, es kann sinnvoll sein, mit Ihrem Arzt oder Therapeuten darüber zu reden; denn es kann jede Therapie sinnvoll unterstützt und integrativ begleitet werden. Wer die hier gegebenen Empfehlungen anwendet, tut dies in eigener Verantwortung.

Kapitel 1

Wasser – ein Phänomen

Wasser verbinden, was abgetrennt
drängt ins verständigte Sein,
mischen in alles ein Element
flüssigen Himmels hinein.

Rainer Maria Rilke

Ein wesentlicher Aspekt des Phänomens Leben ist das ständig um Vermittlung, Ausgleich und Harmonisierung bemühte Pendeln zwischen den zwei Extremen – einerseits dem Pol der sich verlierenden Auflösung und andererseits der zu fester Ordnung erstarrenden Verdichtung. Diesem zwischen Chaos und Ordnung pendelnden Prozess des Lebens gleicht das Phänomen des Elements Wasser auf der Erde.

In ständigem Wechsel schwingt es zwischen seinen verschiedenen Aggregatzuständen hin und her – in die Luft verdunstend, im Flüssigen fließend und strömend, als Eis gefrierend – und verbindet immer wieder Kreisläufe der verschiedensten Regionen auf der Erde.

Wasser ist Stoff und Kraft in einem

Wasser ist Energie, die alles durchflutet, jeglichen Aspekt der Materie und der Nicht-Materie. Wir nennen es reinigend und befördernd. Wir treten in das Wassermann-Zeitalter ein, das unter anderem *Fluss des Seins* bedeutet.

Wasser besteht aus Milliarden kleinster Partikel, die wie unsere Zellen mit Wandlungsfähigkeit, mit Transformationsbewusstsein, mit Möglichkeiten der Erneuerung gefüllt sind. Die Flüsse unserer Erde beweisen uns das. Nichts bleibt unklar, alles regeneriert sich wieder – je weniger der Mensch eingreift desto leichter. Wasser durchflutet unseren ganzen Planeten, nicht nur an der Oberfläche. Es transformiert sich im Inneren in eine andere Substanz.

Wasser ist etwas, das löst. Wasser ist etwas, das Verkrustungen in materiellen und energetischen Körpern berührt. Wasser ist ein Element, das sich jetzt von seiner wahren Seite zeigt. Wasser ist das, worin wir geboren werden. Fruchtwasser ist das, worin wir uns in unseren ersten Lebensmonaten bewegen. Wasser ist das, was uns ernährt, wenn wir ins Leben treten.

Wasser besteht nicht nur in der Materie aus dem Greifbaren (und Erforschbaren), sondern es zeigt in seiner Substanz eine Vielzahl von energetischen Trägerfunktionen. Das ganze Universum besteht aus den gleichen Energien wie unser Wasser. Diese Energien sind tatsächlich in *einem* Wassertropfen als punktuell kleine Körperchen zu entdecken. Dieses Wasser ist der Träger für zahlreiche Energien und trägt so unter anderem zur Heilung und zur Informationsübermittlung bei.

Wasser hat ein Gedächtnis. Es speichert Gedankengut und Erfahrungen. Wasser speichert auch Verwandlung. Wasser, das wir an der Erdoberfläche beobachten, sickert in die Erde und wird aufgeladen mit dem, was es wieder an die Oberfläche bringen soll. Kein Wasser, das jemals durch die Erde gelaufen ist, und sei es nur durch einen Klumpen Erde, ist auf der anderen Seite noch dasselbe. Es wird mit Informationen beladen. Jedes Wasser, das wir in die Erde gießen, weist eine andere Substanz auf, wenn wir es wieder aus dem Klumpen Erde herausdrücken. Es trägt eine andere Information, eine andere Ladefähigkeit und verfügt über einen polaren Magnetismus. Dies ist ein wichtiger Tatbestand, auf den ich später noch detaillierter eingehe. Das Wasser ist verbunden mit unserem Magnetismus – in unserem Körper wie in allen polaren Systemen.

Das Wasser dient zur Regenerierung und zum Ausgleich. Bei einer Behandlung *im* Wasser erfahren wir eine neue Balance. In der Behandlung *durch* Wasser ebenfalls. Durch das, was wir Atmosphäre nennen, sind wir umgeben von Feuchtigkeit, die wir durch die Atemluft und über die Hautporen aufnehmen. Wir wandeln dieses Wasser um, weil wir in diesem Augenblick wie der Klumpen Erde sind. Wir schwitzen und atmen sie über die gleichen Poren wieder aus – mit neuer Information.

All das ist noch nicht einmal mit den fortschrittlichsten Mikroskopen feststellbar. Die Flüsse, die Meere, der Regen, all das, was wir mit Wasser in Verbindung bringen, trägt die Information des ganzen irdischen Geschehens. Alle Spurenelemente, jegliche Vitamine sind in der Information Wasser zu Hause; und somit auch jenes Wissen, was für den Körper gut ist. Es reift die Zeit, um es nutzbar zu machen. Da Wasser aus der gleichen Energie besteht wie wir, ist Wasser auch der Träger unserer Gedanken. Übermitteln wir einem Tropfen Wasser einen Gedanken, so kann er uns (später) daran erinnern.

Wasser ist Energie, Wasser ist Speicherung, Wasser ist Träger und Transformator. Sonst würden wir nicht überall auf dieses Element stoßen. Erde ist zusammengesetzt aus den Elementen. Wasser kann nicht bestehen ohne Luft, Luft nicht bestehen ohne Feuer, Feuer nicht bestehen ohne Erde und Erde nicht bestehen ohne Wasser. Alles ist miteinander verwoben, und da es sich immer wieder in einem Kreislauf von innen nach außen bewegt, ist es auch in einer ständigen Veränderung und in einer ständigen Trägerschaft von Informationen begriffen.

Kapitel 2

Wasser – Ursprung und Element des Lebens

Mit beiden Füßen auf der Erde,
den Kopf im Himmel,
findet sich die Mitte
im Herzen aller Wirklichkeit.

Spruch aus dem I-Ging

In vielen Mythen der Welt taucht das Wasser als zentrales Motiv aller Schöpfungsanfänge auf. Damit ist aber nicht unser heutiges Element Wasser gemeint. Der flüssige Ur-Ozean ist kein *Entstandenes,* sondern Ausdruck reinen Werdens und *Entstehens.* Er ist das Medium fließenden Strömens, Symbol eines embryonalen Weltkeims als lebendig pulsierende Schwingung. Wasser meint Welle und Schwingung; Ur-Ozean meint Klang-Meer, eine flutende lebendige Fülle voller Gestaltungsmöglichkeiten.

In den Veden steht geschrieben, dass das Rauschen älter ist als das Wasser, das vulkanische Summen älter als das Feuer. „Aksara-Brahman, Brahma im formlosen Bereich der reinen Gedanken, zeigt sich zum ersten Mal als goldener Embryo des Tons. Er war ein Laut, der durch das Nichts hinausschwang und auf sich selbst zurückkehrte. Als sich die

Tonwellen kreuzten, entstanden Wasser und Wind, die miteinander spielend den nebelartigen Leib der Welt zu weben begannen.“ (1)

Aus dem *Durch-ein-ander* wurde mit der Zeit ein *Neben-ein-ander.* Klar gestaltete, festere Zustandsformen, in denen sich Lebewesen und Dinge zunehmend vereinzelten. So heißt es im Alten Testament, dass der Geist Gottes, der Windhauch seiner Lichtstimme, dem *tohuwa-bohu,* dem Wirrwarr des formlosen Urgrundes, Form und Gestalt gab.

Wasser – flüssiger Klang?

Könnte es so sein, dass die ganze materielle Welt eine allmählich erstarrte Musik ist, ein Summen von Vibrationen, deren Frequenzen in dem Maße zunehmen, wie sie sich verstofflichen? Wenn alle Formen und Gestalten geronnene Musik, verhärtete Gesten des flüssigen Klanges sind, ist dann nicht die ganze gewordene Welt wie ein Echo dieser Urklänge, und alle Gestalten und Körper der Natur wären eigentlich im tiefsten Sinne Resonanzkörper – jeweils durchdrungen und gestimmt auf ein besonderes Moment dieser Klänge, Worte und Motive?

„Schläft ein Lied in allen Dingen,
die da träumen fort und fort.
Und die Welt hebt an zu singen,
triffst du nur das Zauberwort.“

Joseph von Eichendorff

Die Wissenschaft hat mit der Ansicht, dass alles Leben aus dem Wasser kommt, keinesfalls eine neue Erkenntnis hervorgebracht. Zahlreiche Schöpfungsmythen erzählen davon, dass das Leben seinen Anfang im Wasser nahm. Das Meer als eine Art Urmutter, aus derem feuchten Schoß das erste Zellleben geboren wurde.

Manche mögen denken, dass Mythen nur ausgedacht wurden, weil die Menschen damals naiv waren und sich die Welt nicht erklären konnten – heute seien diese Märchen dank der modernen Wissenschaft längst überholt.

Es war so – und womöglich wird es immer wieder so sein – dass alte Mythen über Bord geworfen wurden und werden. Wird irgendwann einmal die Evolutionstheorie als Mythos, *weil veraltet,* angesehen? Ist die Evolutionstheorie nicht auch eine Glaubenssache, ähnlich der Mythen?

Die Evolutionsgeschichte

Die Evolutionstheorie kann einfach, fast naiv, so ausgedrückt werden: Aus kleinsten Wasserlebewesen entstanden irgendwann Fische, aus einigen von ihnen wurden Lurche. Von denen wiederum verwandelten sich ein paar, die es nicht mehr länger im Wasser aushielten, in Kriechtiere und machten die Erde unsicher. Da die Erde als Lebensraum aber nicht ausreichte, kamen einige der Kriecher auf die Idee, den Luftraum zu erobern; sie ließen sich Flügel wachsen und starteten gen Himmel. Das althergebrachte Eierlegen, schon die Fische taten dies, war wohl dann irgendwie langweilig, schließlich sollten doch die Kleinen gleich gesehen werden und nicht wochenlang in einem Ei eingesperrt den Augen der Eltern verborgen sein. Also entschlossen sich die Weibchen, ihren Nachwuchs auf direktem Weg zur Welt zu bringen. Um sie aufzupäppeln, säugten sie die Kleinen – das Säugetier war geboren. Als es dann einem Vertreter der Säugetiere, einer ganz bestimmten Affenart, in den Sinn kam, nicht mehr länger einfach nur Affe zu sein, wurde aus ihm „im Laufe der Geschichte" ein Mensch.

In der Bibel steht geschrieben, dass die Erde am Anfang wüst und leer war – und der Geist Gottes schwebte auf dem Meer (1. Mose, 1.2). Der Geist Gottes, in besagter Bibelstelle nur als auf dem Wasser schwebend dargestellt, wird in zahlreichen Mythen beschrieben, wie er die Erde und die Menschen erschuf – aus oder mit dem Wasser.

Schöpfungsmythen

In dem Schöpfungsmythos der Germanen, der Edda, steht geschrieben, dass viele Menschenalter vor Erschaffung der Erde das *Nebelheim* geschaffen wurde, und mitten darin lag ein Brunnen, aus dem Flüsse strömten. Im weiteren Verlauf heißt es in der Edda, dass eine Kuh namens Audhumla („die Saftreiche") aus dem Zusammenwirken von Feuer und Wasser (Eis) als eines der ersten Lebewesen entstand – noch bevor es den Menschen gab. Diese Kuh leckte an den Eisblöcken, nahm somit *nur* Wasser auf, welches in den Kreislauf ihres Organismus überging, als vier Milchströme aus ihrem Euter austraten und den Riesen Ymir nährten.

Die einzige Nahrung, das Lebenselexier Wasser, musste zuerst den Körper eines anderen Wesens durchströmen und dessen Kräfte aufnehmen, bis es mit allen nötigen Eigenschaften und Stoffen angereichert war, um schließlich den Riesen zu nähren. Dieser Vorgang erinnert an den Kreislauf des Wassers in der Natur. Denkbar ist auch, dass die vier Milchströme die vier Elemente (Erde, Feuer, Wasser und Luft) versinnbildlichen, aufgenommen im Mikrokosmos der Kuh und abgegeben an den Makrokosmos, welcher aus dem Riesen entsteht.

Der in der Edda ausführlich dargestellte Schöpfungsmythos der Germanen steht mit der Aussage, dass das Wasser der Lebensstoff schlechthin ist, dass es das Urelement ist, aus dem alles Leben – selbst die Erde – geschaffen wurde, nicht allein. Aus einem anderen Schöpfungsgedanken entstand die Weltordnung durch die Vermischung des Süßwasserozeans und des Salzwasserozeans in einer Zeit, „als droben der Himmel nicht genannt war, drunten die Feste einen Namen nicht trug“. (2)

Die Ägypter waren der Ansicht, dass es vor der Entstehung der Welt ein Ur-Chaos gab, in welchem die Elemente in ihrer Form anders, als Rohstoff für die Schaffung der Erde aber vorhanden waren. In späteren Zeiten formte sich dieses Chaos zu dem Urgewässer „Nun“, aus dem dann alles Weitere hervorging.

Die alten Schöpfungsmythen können nicht einfach nur ohne Beachtung an die Seite gestellt werden. Sie schildern das Werden der Welt und die Vorgänge in der Natur in ihrer eigenen Sprache. Sie müssen nicht bewiesen werden, denn in ihnen steckt uraltes Wissen. Es gilt, dieses anzunehmen und zu integrieren, und sei es nur als Bild, dass Gott oder die schöpferische Kraft den Weg für die Schöpfung geebnet hat, als sein Geist auf dem Wasser schwebte. Ist das Wasser nun die Wiege des Lebens?

Novalis fasste es in passende Worte, als er sagte: „Nicht unwahr haben alte Weisen im Wasser den Ursprung der Dinge gesucht, und wahrlich, sie haben von einem höhern Wasser als dem Meer- oder Quellwasser gesprochen. In jenem offenbaret sich nur das Urflüssige, wie es im flüssigen Metall zum Vorschein kommt, und darum mögen die Menschen es immer auch nur göttlich verehren. Wie wenige haben sich noch in die Geheimnisse des Flüssigen vertieft, und manchem ist diese Ahndung des höchsten Genusses und Lebens wohl nie in der trunkenen Seele aufgegangen. Im Durste offenbaret sich diese Weltenseele, diese *gewaltige Sehnsucht nach dem Zerfließen*. Die Berauschten fühlten nur zu gut diese überirdische Wonne des Flüssigen, und am Ende sind alle angenehmen Empfindungen in uns mannigfache Zerfließungen, *Regungen jener Urgewässer in uns.*" (3)

Wasser als Wiege und Spiegel des Lebens

Ja, wir können Wasser als die Wiege des Lebens sehen – und Wasser kann gleichzeitig der Spiegel des Lebens sein. In vielen mythischen Überlieferungen sind *Wasser* und *Spiegel* uralte Metaphern für die innere Selbstbetrachtung.

Bevor man Spiegel hatte, benutzte man die stille Wasseroberfläche, um sein Gesicht und damit seinen eigenen Ausdruck erkennen zu können. Wasser und Spiegel finden ihre analoge Zuordnung im Mondprinzip, das bedeutet, dass sie auf einer äußeren Ebene die gleichen Eigenschaften besitzen, wie sie im Inneren der Seele zu finden sind, eben als Widerspiegelnde. Durch den Einstieg in den Urbrunnen Seele wecken wir die Erkenntnis, welche uns verstehen und regenerieren lässt.

Im übertragenen Sinne heißt das, wenn der Mensch bereit ist, in die Wasser seiner Seele einzutauchen, wird er dort im Spiegel der inneren Betrachtung Anteile seines Unbewussten und die damit wirkenden Kräfte erkennen. Äußerlich mag es zwischen den Kulturen und Zeiten Unterschiede geben, doch in ihrem inneren Seelenleben gibt es universelle Gesetzmäßigkeiten, die keine Übersetzung erfordern.

Wohin gelangen wir, wenn wir das Gedächtnis des Wassers ergründen? Wo liegt der Ursprung des Wassers? Die Raumsonden haben der Wissenschaft die bis dahin unglaubliche Erkenntnis gebracht, dass es Wasser auf dem Mars gab. Wir beginnen zu verstehen, dass Wasser auf unserer Erde nicht einmalig ist, sondern überall im Weltall auftritt.

Ein Observatorium an der Universität in Hawaii und die NASA gaben 1997 interessante Presseberichte an die Öffentlichkeit. Darin heißt es, dass zum ersten Mal eine große Zahl von der Stratosphäre aus der Erde entgegen fliegende schneeballförmige Himmelskörper aus dem All beobachtet werden konnten. Diese „Schneebälle" werden als kleinen Kometen ähnliche Himmelskörper eingestuft, mit einem Durchmesser von etwa einem Dutzend Metern. Täglich kommen einige Tausend auf uns zu, die sich jedoch zersetzen und Teil einer Wolke werden, sobald sie in Erdnähe kommen. Das heißt auch, dass täglich „Regen aus dem All" auf die Erde fällt. Wahrscheinlich macht dieser Regen aus dem All nur einen kleinen Teil des gesamten Jahresregens aus, aber er fällt seit etwa viereinhalb Millionen Jahren, seit Anbeginn der Erde, und so gesehen, könnte es genug sein, um Quelle der Ozeane zu sein.

Außerdem enthält dieser Regen aus dem All auch organische Stoffe. Ob diese Substanzen beim Ursprung des Lebens mitverantwortlich sind? Immer wieder stellen sich solche Fragen nach dem Ursprung des Lebens, nach dem Ursprung des Wassers, der ganzen Entstehung der Universen; und immer wieder wurden Aussagen von Wissenschaftlern korrigiert. Nichts ist, wie es scheint – aber es ist auch nicht anders.

Kapitel 3

Das Geheimnis des Wassers

Des Menschen Seele gleicht dem Wasser
Vom Himmel kommt es
Und zum Himmel steigt es
Und wieder nieder zur Erde
Muss es ewig wechseln.

Johann Wolfgang von Goethe
(Gesang der Geister über den Wassern)

Der englische Dichter D. H. Lawrence schrieb 1929: „Wasser ist H_2O– zwei Teile Wasserstoff und ein Teil Sauerstoff. Aber da ist noch ein Drittes, das erst macht es zu Wasser, und niemand weiß, was das ist. Schon viele Wissenschaftler wollten dieses Geheimnis lüften. Je mehr man Wasser erforscht, um so mehr neue Fragen stellen sich."

Wasser besitzt seltsame Eigenschaften, die dem naturwissenschaftlichen Weltbild zuwiderlaufen. Das dritthäufigste Molekül im Universum verhält sich einfach nicht so, wie es die Regeln von Physik und Chemie erwarten würden. Im Gegenteil, es tauchen sogar mehr und mehr Anomalien auf, über die man nur staunen kann. Wäre das Wasser normal, gäbe es wohl kein Leben auf der Erde. Die anormalen Verhaltensweisen haben womöglich zu den Überlebensbedingungen auf dem Planeten Erde beigetragen.

Wasser zwischen Eis und Feuer – Bezug zur Temperatur

Wenn Wasser zum Beispiel gefriert, zieht es sich nicht wie andere Stoffe zusammen. Im Gegenteil: Es dehnt sich aus und vergrößert sich. Am Beispiel geplatzter Sprudelflaschen können wir das konkret im Alltag erleben. Gefrorenes Wasser hat schon Bauwerke und Straßen gesprengt. Seltsamerweise hat Wasser seine größte Dichte bei plus vier Grad. Reines Wasser lässt sich bis auf minus vierzig Grad abkühlen, ohne dass es gefriert. Doch unterhalb davon wird auch der sauberste Wassertropfen zu Eis. Es gibt Eisformen, die selbst bei fünfhundert Grad Hitze gefroren bleiben; und es gibt verschiedene Formen von Wasserglas und besondere kritische Punkte bei plus dreihundertundvierundsiebzig Grad und bei minus fünfundvierzig Grad.

Bei siebenunddreißig Grad Celsius zeigt Wasser eine Eigenart von ganz besonders starkem *Flüssigsein,* das sich durch extreme Bindungsfreudigkeit ausdrückt. Erinnern wir uns, dass unsere Körpertemperatur gewöhnlich bei siebenunddreißig Grad liegt und wir zu mehr als zwei Dritteln aus Wasseranteilen bestehen. Zufall?

Unter gewissen Umständen ist Wasser sehr leitfähig. Diese Leitfähigkeit ist nicht als ein elektrisches Phänomen zu bewerten, sondern wird vor allem durch biochemische Vorgänge beeinflusst, wie sie zum Beispiel bei Studien von Gehirnfunktionen gefunden wurden. Wie im „Stoffwechsel-Kapitel“ beschrieben wird, gibt es keine biochemische Vorgänge ohne Wasser.

Die Kraft der Bewegung

Wasser ist ständig in Bewegung. Fließendes Wasser in der Natur nimmt nie einen geraden Weg, es versucht sich spiralförmig weiterzubewegen. Durch die sich daraus ergebenden natürlichen Windungen, die so genannte „Mäander-Bewegungsform" des Wassers, entstehen die eigenwilligen Bach- und Flussformen. Überall in der Natur und im Universum findet man zentripetale Bewegungskräfte, das heißt von außen nach innen gerichtete spiralförmige Kräfte zu einem Bewegungszentrum hin.

Auf das Wasser wirken einerseits Erdanziehungskräfte, auch als Schwerkraft der Erde oder Gravitationskraft bekannt, und andererseits die Levitationskräfte, die zur Ausdehnung auffordernden Kräfte des Universums. Das Wasser drängt sich durch die ihm innewohnenden levitanten Kräfte gleichermaßen nach oben, es will also aufsteigen. Diese Kraft ermöglicht zum Beispiel dem Quellwasser, aus tiefen Schichten der Erde (über artesische Brunnen) in die Höhe und ans Tageslicht zu gelangen. Es steigt und fällt, von höchsten Bergen und Wolken bis zum tiefsten Grund der Ozeane und umgekehrt. In den östlichen Lehren umschreibt man das als den ständigen Wandel von Form und Bewegung der Yin und Yang-Kräfte.

Wasser durchdringt alles, und es wird zu allem. Es vermischt sich mit Vorliebe mit Luft und Licht. Wasser, das in Bewegung ist, nimmt mehr gasförmige Substanzen auf als im Ruhezustand. Die Temperatur ist dazu auch wichtig, denn kaltes Wasser ist noch aufnahmefähiger als warmes.

Es sind die Wasserstoffmoleküle, die bei Kühle aktiver sind als bei Wärme. Die Sauerstoffmoleküle dagegen sind bei Wärme aktiver. Da das Wasser beides enthält, steigt *und* fällt es ständig – sogar in unterschiedliche Richtungen.

Der Wellencharakter des Wassers

In einem Fluss bewegt sich das Wasser fort, aber die *Welle* im Fluss, das heißt die Form des Wassers, die so genannte stehende Welle, verharrt auf der gleichen Stelle. Das Wasser fließt also praktisch durch die Welle als Form. Im offenen Meer ist das Gegenteil der Fall. Die Welle bewegt sich, die Form wandert über die Oberfläche, aber das Wasser bleibt im Großen und Ganzen an der gleichen Stelle. Dennoch ist das Wasser in den Wellen und Strömungen ein Transportmittel, welches Gegenstände, aber auch weniger Stoffliches, wie etwa Wärme und Informationen, tragen kann.

Die Wassertropfen haben durch innere Anziehungskräfte die Tendenz, eine Kugelform zu bilden. Die Kugel ist die harmonischste und sogar sparsamste Form im Universum. Großer Inhalt findet sich bei relativ kleiner Oberfläche zusammen. Wasser kann aber bei Bedarf auch Formen wie Wellen, Strudel und sogar Doppelspiralen annehmen. Die Ausbildung der Form hängt von bestimmten Größenverhältnissen ab. Welche Formen wir in der Natur, in Pflanzen, Muscheln, in Felsformationen ebenso wie in unserer Doppelspirale, die unsere Gene bilden, auch sehen, im Grundstoff des Lebens, im Wasser, finden wir alle Möglichkeiten der Entwicklung.

Die Bindungsfähigkeit des Wassers

Wasser ist enorm reaktionsfreudig. Es löst andere Substanzen auf und bindet sich an diese auf eine neue, typische Weise, die man in anderen Substanzen nicht findet. Um dieses Phänomen zu erklären, betrachtete man sich die 'Biographie' des Wassers und versuchte, über die chemische Formel Erklärungen zu finden. Wie schon erwähnt: Zweimal Wasserstoff und einmal Sauerstoff.

Stellen wir uns das pantomimisch vor: Wenn wir uns aufrecht hinstellen und die Beine auseinander spreizen (im Idealfall im einem Winkel von einhundertundfünf Grad), dann sind die beiden Hände die Wasserstoffatome, und im Bauchbereich sitzt das Sauerstoffatom. Unberechenbar wird das Wasser durch seine Möglichkeiten zum 'sozialen Kontakt'. Über so genannte *Wasserstoffbrückenbindungen* lassen sich die einzelnen Wassermoleküle miteinander vernetzen. Die beiden Füße wären in der pantomimischen Darstellung die beiden freien Elektronenpaare am Sauerstoffatom, die als eine Art Haken für die Wasserstoffatome des Nachbarn dienen. Hände des einen greifen Knöchel eines anderen. Bis zu vier molekulare Nachbarn kann also ein einzelnes Wassermolekül haben. Zusätzlich können sich die Moleküle auch noch verbiegen und drehen (auch das ist wissenschaftlich noch unverstanden). Die Nachbarn können ungebunden in die Zwischenräume hüpfen, alle können gemeinsam Gruppen bilden, und diese wiederum können in ihrer Größe erheblich anwachsen – alles noch recht unverstanden. Auf jeden Fall hat Wasser ein unglaublich großes Auflösungsvermögen, also eine Fähigkeit, andere Gruppen oder Gebilde (Partner) aufzulösen und neu zu formieren, eine Bindungsfähigkeit enormen Ausmaßes.

Die Bindungen innerhalb der Wassermoleküle sind normalerweise so instabil, dass sich Wasser eigentlich in ständiger Veränderung befindet. Emilio del Giudice, Professor für theoretische Physik, formulierte dazu ein das Verständnis förderndes Bild: „Man kann Wassermoleküle mit einem Tanzboden vergleichen. Die Herren sind die Atomkerne, die Damen die Elektronen. Diese schwingen und wechseln dauernd den Partner zu einer Musik, die durch den Gesamtzustand erzeugt wird und den Frequenzen eines elektromagnetischen Feldes entspricht. Auf diese Weise interagiert jedes Partikelchen mit allen anderen, und sie *sprechen* miteinander auch auf Entfernung.

Heute ist man sich immer mehr bewusst, dass im Inneren der Wassermoleküle nicht elektrostatische, sondern elektrodynamische Kräfte wirken. Diese gestatten es den Wassermolekülen, sich zu einem organisierten Staat zusammenzufügen, der ständig aktiv ist. Allerdings kommunizieren zwei Moleküle nur miteinander, wenn sie auf der gleichen Frequenz schwingen (Resonanz), als ob sie Antennen hätten. Sobald dies zutrifft, entstehen die Grundlagen für ein unglaubliches Netz von Informationsaustausch. Daraus ergibt sich eine vollkommen neue Interpretation der Wasserphysik." (4)

Der Magnetismus des Wassers

Das Wassermolekül ist zudem elektrisch ganz schief, denn seine elektrische Ladung ist verschoben. Das Sauerstoffende ist negativ geladen, während die Wasserstoffenden mehr positiv geladen sind. Daraus ergibt sich, dass Wasser sich wie ein Magnet verhält, wissenschaftlich nennt man diese Form des Wassers einen Dipol. Wie die Nordpole und Südpole zweier Magneten ziehen sich die positiven und negativen Ladungen der Wasserteilchen gegenseitig an. So kommt es zur Verbindung einzelner Moleküle als Ausdruck des *miteinander Vernetzt-seins*. Diese mehr oder weniger großen zusammengeballten Klumpen nennt man *Cluster* – ein englisches Wort für Klumpen, Büschel oder Traube.

Wasser-Cluster

Die Größe der Wasser-Cluster kann sehr stark variieren, wobei ein Einflussfaktor die Temperatur ist. Temperatur ist im Prinzip nichts anderes als die Bewegungsenergie der Teilchen – je heißer desto schneller und chaotischer bewegen sie sich. In eiskaltem Wasser sind einige Hundert einzelner Wassermoleküle zu einem Cluster verbunden. In kochendem Wasser verbleiben noch ein paar Dutzend, und selbst im Wasserdampf sind nicht alle Wassermoleküle einzeln vorhanden. Diese relativ starke Anziehung der Wasserteilchen untereinander hat einen fundamentalen Einfluss auf die Eigenschaften des Wassers. Die Naturwissenschaftler sprechen hier von den *Wasserstoffbrückenbindungen*. Durch den Wechsel der Positionen innerhalb der Cluster ergeben sich unterschiedliche Spannungsgefälle. Diese starke Veränderlichkeit in den Cluster-Strukturen beeinflusst auch die Bindungsfreudigkeit des Wassers, also die Fähigkeit, andere Substanzen aufzulösen und mitzunehmen.

Als zusammengeballte Cluster haben die Wassermoleküle die Eigenschaft, sich um eine Substanz anzuordnen, und sie können diese Cluster-Form auch dann noch beibehalten, wenn die Substanz selbst nicht mehr vorhanden ist. Das entspricht praktisch einer Art von *Energie-Fotografie*. In weiteren Abschnitten wird, auf dieser Erkenntnis aufbauend, noch beschrieben, wie man sich aufgrund dieser erinnernden Cluster-Strukturen das Gedächtnis des Wassers zu erklären versucht.

Wasser und Druck

Ein weiteres Geheimnis des Wassers besteht im Zusammenhang zwischen Temperatur und Kompressibilität, der Bereitschaft einer Substanz, sich zusammendrücken zu lassen. Sie ist bei Wasser ganz anders als bei allen anderen Stoffen. Ein Bauchplatscher ins kalte Wasser schmerzt weniger als ins warme Wasser. Warum? Normalerweise steigt die Temperatur eines Stoffes, wenn dieser unter Druck gesetzt wird. Bei Wasser jedoch steigt sie nicht über 35,6 Grad, auch bei beliebig hohem Druck.

Nach den Gesetzen der Physik müsste Wasser bei minus sechsundvierzig Grad Celsius zu kochen anfangen, nicht erst bei plus einhundert Grad. Aber das kümmert das Wasser wenig.

Flüssige Kristalle

Die Formel H_2O gilt für das Wasser nur im dampfförmigen Zustand. Sobald es sich verflüssigt, wird seine Struktur enorm komplex, man könnte von *flüssigen Kristallen* sprechen, denn dem Wassermolekül liegt die ganz spezifische geometrische Form des Tetraeders zugrunde. Vier Wassermoleküle, also vier Tetraeder, bilden in ihrer zusammenführenden Anordnung genau die Struktur der Pyramiden. Ob die früheren Hochkulturen, wie etwa die der Ägypter, diese stabile Form des Wassers als Ausgangsbasis für ihre Bauten nutzten? Diese Phänome des Wassers als flüssige Kristalle und die sich daraus bildenden Kristallstrukturen waren es auch, die den Forscher Masaru Emoto faszinierten.

Das Eis, die kristalline Form von Wasser, hat mehrere Gesichter. Die Eigenschaften der Eissorten sind genauso unterschiedlich wie ihre molekularen Nachbarschaftsbeziehungen. Die üblichste Form des Eises, in der die Moleküle wie Bienenwaben angeordnet sind, ist verantwortlich für die sechseckigen Schneeflocken. Unüblichere Eiserscheinungen zaubern die Forscher, indem sie die Temperaturen ändern oder mit großem Druck pressen. Bei einem Druck von zehntausend Bar ist Wasser selbst bei fünfhundert Grad Hitze noch gefroren! Selbst eine Schneeflocke kann uns das Erinnerungsvermögen von Wasser zeigen. Wir wissen, dass jede Schneeflocke individuell ist, keine gleicht der anderen. Wenn eine Schneeflocke unter natürlichen Bedingungen schmilzt und dann unter den gleichen natürlichen Gegebenheiten wieder gefriert, erhält man die exakt gleiche Schneeflocke.

Biophotonen ordnen Wassermoleküle

Bemerkenswert ist auch die Erkenntnis der Biophotonenforschung, dass am Aufbau jedes einzelnen Wassermoleküls mehr als eine Milliarde Lichtquanten beteiligt sind. Der Schweizer Atomphysiker Carlo Rubbia stellte fest, dass jeweils mehr als eine Milliarde Energieeinheiten notwendig sind, um nur einen Anteil Masse, gemeint ist hier Materie, zu manifestieren. Die Biophotonen sind reine Lichtenergie, ordnen jedes Wassermolekül individuell an und geben ihm seine unverwechselbare Identität.

Wasser ist in mancher Hinsicht schwierig zu erforschen. Substanzen, die keine lebenden Organismen sind, lassen sich durch Verfahren der Biophotonenanalytik nur indirekt untersuchen. Wird aber unter streng festgelegten Laborbedingungen zum Beispiel Saatgut unter gleichen Voraussetzungen zum Keimen gebracht, indem Quellwasser, Leitungswasser und gestresstes Wasser benutzt wird, lassen sich signifikante Wachstumskriterien erkennen. Wir Menschen sind bedingt dem Saatgut vergleichbar. Allerdings wirken täglich so viele verschiedene Reize auf uns ein, dass man von sterilen Laborbedingungen nicht mehr sprechen kann.

Auf unserem Planeten Erde ist Leben unter anderem nur deshalb möglich, weil Wasser Wärme und Kälte über längere Zeiträume speichern kann und nur langsam abgibt. Gäbe es nicht dieses große ausgleichende Wärmereservoir, würden die Lufttemperaturen in kurzen Zeitabständen um mehr als einhundert Grad Celsius schwanken. Ohne das Wasser in der Luft, also ohne die relative Luftfeuchtigkeit, würden die Winde nicht gebremst und tobten mit vernichtender Gewalt über die Erde, wie dies ja auf einigen anderen Planeten geschieht.

Das Gedächtnis des Wassers

Eine der faszinierendsten Fähigkeiten des Wassers, die noch oft hinterfragt und erforscht wird, ist es, Informationen zu speichern, auf menschliche Gefühle zu reagieren oder gar mit anderen Flüssigkeiten zu kommunizieren. 1988 behauptete der französische Immunologe Jacques Benveniste, eine Art Gedächtnis des Wassers nachweisen zu können. Er fand in seinen Versuchen mit hochverdünnten Flüssigkeiten heraus, dass diese selbst dann noch eine Wirkung auf Blutkörperchen erzielten, wenn in ihnen kein einziges Wirkstoff-Molekül mehr nachweisbar war. Das könnte nur geschehen, wenn sich Wasser daran erinnerte, einmal einen Wirkstoff gesehen, erkannt oder übernommen zu haben.

Besonders die Homöopathen jubelten, wäre doch damit ein wissenschaftlicher Beweis ihrer Arzneimittel möglich gewesen: Hoch potenziertes Wasser ohne erkennbare Inhaltsstoffe erzielt biologische Wirkung! Ein jahrelanger Streit begann, der Benvenistes Testergebnisse ins Lächerliche zog. Auch wissenschaftliche Reproduktionen von anderen Wasserforschern und ihre Ergebnisse erwiesen sich als höchst schwierig. Sie differierten nicht nur von Experimentator zu Experimentator, sondern auch von Tag zu Tag.

Der Tanz des Wassers

Die in den Labors gemachten Beobachtungen verändern sich auf charakteristische Weise, je nachdem *wer* die Flüssigkeiten untersucht und in welcher Verfassung die jeweilige Person ist. Die Ergebnisse sind ähnlich einem Spiegel des Experimentators – das erschwert wissenschaftliche Reproduzierbarkeit. Für manche Forscher sind die mystisch anmutenden Wassertheorien spätestens seit den Benveniste-Veröffentlichungen und dem darauffolgenden Streit erledigt. Wie soll das Wasser auch Strukturen oder Informationen speichern, wenn die Bindungen zwischen den H_2O-Molekülen, den so genannten *Wasserstoffbrücken,* sich im Takt von Milliardstel Sekunden umorientieren? Der *Tanz der Wasser,* um bei del Giudices Erklärungsbild zu bleiben, ändert sich je nach der Musik des Lebens resonanzartig – und das geschieht schneller, als unser Gehirn es nachvollziehen kann.

Wasser und Mond

Das „Lebewesen" Wasser steht in enger Verbindung mit den Energien der Gesteine und Mineralien, die wiederum in Resonanz mit den Planeten stehen. Von hier versorgt es sich mit der nötigen Kraft. Besonders eindeutig und spürbar ist die Beziehung zwischen dem Wasser und dem Mond. Am eindrucksvollsten zeigen das die Gezeiten der Meere, die durch die Mondphasen bewegt und bestimmt werden. Auch das bei zunehmendem Mond beginnende Steigen der Pflanzensäfte gehört zu dieser engen Verbindung. Da unser Gehirn einen Wasseranteil von bis zu fünfundsiebzig Prozent hat, verlieren die Reaktionen auf die Mondphasen im Menschsein an Rätselhaftigkeit. Gestörter Schlaf, das Schlafwandeln, die Geburtenzunahme, Aggressivitätssteigerungen und viele andere Reaktionsweisen sind als mit dem Mond zusammenhängende Phänomene bekannt.

In der Natur lässt das Wasser bei zunehmendem Mond das Schwemmgut liegen, wodurch sich das Bach- oder Flussbett mit den angeschwemmten Ablagerungen auffüllen kann. Deshalb ist die Überflutungsgefahr nach schweren Gewittern bei Vollmond größer, weil die Bäche und Flüsse das Schwemmgut liegen lassen und dadurch schneller ansteigen. Bei abnehmendem Mond gräbt sich das Wasser tiefer in das Bachbett, welches sich dabei ständig verändert.

Der Mond gilt aus anderer Sicht als der widerspiegelnde, passive Aspekt gegenüber dem aktiven Sonnenaspekt. Auch eine ruhige Wasseroberfläche kann als widerspiegelnde Fläche fungieren. Bevor der Mensch den Spiegel entwickelte, war das Wasser die einzige Möglichkeit, „sein Gesicht“ zu sehen.

Kapitel 4

Die Qualität des Wassers

Wer zur Quelle gehen kann,
der gehe nicht zum Wassertopf.

Leonardo da Vinci

Nur all zu oft machen wir uns über die Herkunft des Wassers keine Gedanken. Wir drehen den Wasserhahn auf und benutzen das scheinbar so klare Nass für allerlei Tätigkeiten. In manchen Ländern wird es angesichts der weltweiten Knappheit an Süßwasserreserven allmählich wieder zum hochgeschätzten Luxusgut. Besonders in Ballungsgebieten, wie etwa in Großstädten, muss zur sparsamen Achtsamkeit aufgerufen werden.

Die Qualität des Wassers hängt zum großen Teil vom Zweck ab, für den das Wasser genutzt werden soll. Das Wasser, das wir trinken, bedarf einer anderen Qualität als das so genannte *hygienisierte Brauchwasser,* das wir für allerlei Möglichkeiten in unserem Alltag benutzen. Die folgenden Informationen verdeutlichen den Weg des Wassers, den es durchläuft, um Tafelwasser oder Trinkwasser zu werden. Sie sind hier nur kurz gefasst, um als Überblick zu dienen.

Das Wissen um diese Abläufe kann hilfreich sein, um Wasser bewusster einzusetzen beziehungsweise zu genießen.

Durch die *Informationswellen des Wasserbusiness* könnte man leicht verwirrter als wissender werden; denn inzwischen ist es ein neuer Trendmarkt geworden – das Geschäft mit dem *guten* Wasser. Exklusive Tafelwässer entwickeln sich mittlerweile zum Top-Produkt, gibt es doch schon über dreihundertfünfzig verschiedene Sorten. Mit anscheinender wissenschaftlicher Untermauerung wird behauptet, man bräuchte diese und jene Wasseraufbereitungsanlage im Haus, um die Qualität des Brauch- oder auch des Trinkwassers aufzuwerten. Wenn wir Wasser dem Wasserhahn entnehmen, hat es mehr oder weniger verschiedene Prozesse durchlaufen. Erhält man durch das Wasserwerk die allerbeste, weil kontrollierte Qualität – oder ist es verdorbenes, weil vorbehandeltes und daher totes Wasser?

Seit etwa 1970, seitdem man vor allem die Schadstoffe genauer ins Visier nahm, wird so manches Wasser zum Problem – wegen seiner fragwürdigen Qualität. Neuerdings wächst endlich das Interesse an der Qualität und der inneren Struktur des Wassers. Es drängen sich Fragen zu seiner feinstofflichen Beschaffenheit in den Vordergrund, und wegweisende Forscher, wie zum Beispiel Masaru Emoto, glauben gar, dass richtiges Wasser so etwas wie das Tor zu einer anderen Dimension sein könnte.

Aber was ist richtiges oder gutes Wasser? Nach Lourdes, der Quelle der Wunder, zieht es Jahr für Jahr Millionen von Menschen. Das Wasser ist also nicht nur Lebensstoff, sondern es bewegt auch das Herz und die Phantasie und nicht zuletzt den Glauben der Menschen. Zudem weckt es Hoffnung auf Gesundung und Heilung.

Manche Wasserforscher finden im Lourdes-Wasser oder auch in anderen heiligen Wässern, wie etwa dem von Fatima, ganz bestimmte Frequenzmuster. In ihrem Buch *Lichtwässer und ihre Heilkräfte* geht Gudrun Dalla Via sehr deutlich darauf ein, welche Schwingungsmuster ihrem untersuchten Wasser zugrunde liegen und wofür es eingesetzt werden kann. Andere Forscher, wie Ivan Engler, finden beim Analysieren entsprechender Proben keine wesentlichen Unterschiede zum ganz gewöhnlichen Wasser aus der Umgebung. Welche Kriterien hat Engler in seinen Versuchsreihen untersucht?

Der natürliche Kreislauf des Wassers

Wenn man der Frage nach dem *richtigen und gesunden* Wasser nachgeht, muss man verschiedene Blickwinkel auseinander halten. Einmal gibt es den natürlichen Kreislauf des Wassers. Es verdunstet, wenn es in die Atmosphäre aufsteigt, und verdichtet sich dort wieder in Form von Wolken. Als Regen geht es irgendwann und irgendwo nieder, versickert und zeigt sich schließlich in Gestalt einer aus dem Schoß der Erde hervorbrechenden Quelle. An der Oberfläche wieder angekommen, sammelt es sich in Bächen, Flüssen und Seen, um dann, von der Sonne angewärmt, erneut Richtung Himmel zu steigen. Das sind Vorgänge, wie sie seit Urzeiten ablaufen. Der Mensch ist nur ein Teilnehmer dieses Geschehens, der sich in diesen Ablauf entwicklungsgeschichtlich eingepasst hat.

Eine Überlegung ist es nun, *wann* der richtige Zeitpunkt ist, an dem der Mensch seinen Platz als Wasserkonsument in diesem natürlichen Kreislauf einnimmt. Die Anhänger der Wasserdampfdestillation empfehlen den weichen Regen, weil hier das Auffangen des Wassers bedeutet, dass am wenigsten mineralische Elemente gelöst wären. Andere bevorzugen das Wasser eines Brunnens, dann sei es von Mutter Erde gefiltert und enthielte alles, was der Mensch benötigte.

Realität ist, dass der Mensch einen eigenen Wasserkreislauf kreiert, wenn er die Grundwasser-Reservoire anzapft und eine Kaskade von Abläufen und Einwirkungen in Gang setzt, bis das so genannte Mineralwasser in Flaschen den Konsumenten erreicht. Dies geschieht schon allein dadurch, dass bestimmte Mineralien, wie etwa Eisen, entzogen werden, da eine zu hohe Konzentration dem Leitungssystem schaden könnte. Das Verdienst von echten Wasserpionieren war es, aufzuzeigen, dass die Verteilung des Wassers unter hohem Druck in engen Metallrohren eine große Wirkung auf das Endprodukt Wasser hat. Am Ende des verzweigten Leitungssystems, dem Wasserhahn, käme dann nur noch *schlappes* Wasser zutage, äußerlich zwar intakt, jedoch sowohl mit Chemikalien aufgepäppelt als auch im Hinblick auf die innere Struktur entwertet und jeder Vitalität beraubt.

Hartes Wasser – weiches Wasser

Es ist allgemein bekannt, dass die chemische Wasserenthärtung umweltfeindlich und mit Risiken und Nachteilen für die Gesundheit des Menschen behaftet ist. Die für den Ionentausch verwendeten Chemikalien belasten die Umwelt stark. Auch kann man statistisch belegen, dass in Regionen mit chemisch behandeltem Wasser eine höhere Infarkt- und Tumorrate festzustellen ist.

Die Magnetisierung von kalkhaltigem Wasser als Kalk- und Rostschutz für industrielle Zwecke hat sich als brauchbar erwiesen, aber für einwandfreies Trinkwasser ist die Methode nicht geeignet. Es hat sich ebenfalls als Irrlehre herausgestellt, dass Mineralwasser mit reichhaltigen Mineralien sowie kalkhaltiges Trinkwasser für die Gesundheit vorteilhaft sei. Wie im folgenden Kapitel noch genauer beschrieben wird, nimmt der Körper die Mineralien wesentlich besser aus der Nahrung (vor allem aus Obst und Gemüse) auf als aus dem Wasser. Der so genannte Kalk (die Calcium- und Magnesiumsalze im Wasser) wird nicht direkt für die Stabilität in unseren Knochen benutzt, doch dazu später Genaueres.

Der Wasserforscher Louis-Claude Vincent hat nachweisen können, dass weiches, mineralarmes Wasser für das gesunde Leben wesentlich besser wirkt. Das gilt für das Reich der Pflanzen, der Tiere und des Menschen. Jeder Gärtner weiß, dass weiches Wasser die Pflanzen besser gedeihen lässt als hartes. Lieferant für die benötigten Mineralstoffe ist der Erdboden. Tiere und Mensch können die im Wasser gelösten Mineralstoffe nur ungenügend durch den Stoffwechsel nützen und müssen sie deshalb durch die Nieren – mit einer entsprechenden Belastung für jene – wieder ausscheiden.

Quellwasser – Leitungswasser – Flaschenwasser?

Wer in der Nähe einer guten Quelle lebt, ist gut beraten, sich von dort möglichst oft das wichtige Lebenselexier zu holen. Nur ist das leider nicht immer der Fall. Man kann bei den örtlichen Wasserwerken die Werte des Leitungswassers einsehen und mit den gängigen Flaschenwässern vergleichen. Es gibt durchaus Gegenden, in denen das Leitungswasser auch das Trinkwasser sein kann. Das sollte nicht verallgemeinert werden, denn in vielen Großstädten oder auch in Gegenden, in denen sehr viel Landwirtschaft betrieben wird, weist das Leitungswasser als Trinkwasser bedenkliche Werte auf.

Selbst wenn wir echtes Quellwasser in Flaschen kaufen, hat dieses einen Weg über Verpackung und Transport hinter sich. Zudem gibt es noch das Problem der Verpackung in den (sinnvolleren) Glasflaschen oder in den heute sehr verbreiteten Kunststoff-, den so genannten PET-Flaschen. PET steht für das Material Polyethylenterephthalat. Es ist zwar federleicht, bruchsicher und bequem zu transportieren, hat aber den Nachteil, dass es nicht ganz geschmacksneutral ist. Aus dem Material können Abbauprodukte in das Wasser übergehen, wie das am häufigsten mit Acetaldehyd ist. Bekannt ist Acetaldehyd als Vorstufe zur alkoholischen Gärung. Die Substanz riecht verdünnt leicht weinartig und ist ein wichtiger Frucht-Aromastoff, der zum Beispiel auch in frischem Orangensaft steckt. Auch im Bier ist er enthalten. Geschmacksprägend wirkt er im Sherry, der bis zu einhundert Milligram pro Liter enthalten kann. Im Wasser macht sich diese Substanz natürlich nicht so gut. Da Wasser keinen intensiven Eigengeschmack hat, ist die Geschmacksschwelle für Acetaldehyd niedrig. Die Mengen, die aus PET-Flaschen ins Wasser übergehen, sind unkritisch, weil es erst in hohen Dosen wirklich gefährlich ist. Im Sinne von vorbeugendem Gesundheitsschutz, aber auch wegen des Informationsgehaltes, – sollte Acetaldehyd dennoch beachtet werden.

Gleich für welches Verpackungsmaterial wir uns entscheiden, haben wir erneut die Wahl zwischen Tafel-, Mineral- oder einem abgefüllten Quellwasser. Die Trinkwasserverordnung legt fest, welche Mengen an Schadstoffen im Leitungswasser sein dürfen und bestimmt somit das *Trinkwasser.* Wenn sie etwas für *geeignet* definiert, können wir von überwachten Normwerten ausgehen – es ist dann meine eigene Entscheidung, ob ich es auch für mich als geeignet empfinde. *Quellwasser* ist unterirdisches Wasservorkommen, das an die Oberfläche tritt und den Anforderungen der Trinkwasserverordnung entspricht. Es gibt Quellen in der Natur, an denen von staatlicher Seite die Kennzeichung „Kein Trinkwasser“ angebracht ist und das dennoch von Menschen als gutes Quellwasser getrunken wird. Es bedeutet dann, dass sie es auf eigene Verantwortung tun, denn es wird nicht labormäßig überwacht. Es ist vielleicht gerade deshalb frei von Chemikalien und relativ unbeeinflusst. *Natürliches Mineralwasser* stammt aus einer unterirdischen Quelle, deren Reinheit amtlich bestätigt werden muss. *Tafelwasser* ist ein künstlich hergestelltes Produkt, dem Kohlensäure und Mineralien zugefügt wurden.

Mechanische Filterung

Wasserverbesserung und Wasseraufbereitung ist deshalb ganz modern und in vieler Munde – und natürlich auch in vieler Hinsicht ein lukratives Geschäft. Es ist gleichermaßen eine bislang unausgeschöpfte Gesundheits- und Vitalitätsreserve. Zur mechanischen Reinigung lassen sich inzwischen objektive Kriterien zusammenfassen, die eine überlegte Wahl möglich machen. Zur so genannten Schadstoffreduzierung wurden zahlreiche geeignete Verfahren entwickelt. Dieser Faktor ist und bleibt – weil von der Technik her sehr aufwändig – immer ein Eingriff in die Natürlichkeit. Die einfachste Variante ist die Filterung des Wassers durch Aktivkohlefilter (heute die so genannten Carbonitkerzen oder Blöcke). Sie eliminieren störende organische Verbindungen, Pestizide und andere Schadstoffe. Sie nehmen schlechten Geruch und Geschmack auf, allerdings können Mikroorganismen nur teilweise dadurch entfernt werden. Wichtig ist bei dieser einfachen, in ihrer Wirkung nicht zu unterschätzenden Filtermethode, dass sie regelmäßig und rechtzeitig ausgetauscht werden, um keine Keimbelastung zu provozieren.

Umkehrosmose

Etwas mehr vollbringt hier die Umkehrosmose. Das Verfahren beseitigt mittels einer speziellen Membran, die als ganz feine Filterfläche dient, durch die das Wasser fließen muss, weitgehend alle Arten von Verunreinigungen (von Viren bis Pestiziden). Ein Problem bei dieser Methode ist es, dass pro Liter gereinigtem Wasser mindestens drei Liter Wasser zur Spülung verbraucht werden. Im Prinzip hat man in der Umkehrosmose eine mechanische Reinigungsmethode, ein Phänomen der Natur kopiert. In der Natur wie auch im menschlichen Körper gibt es die Osmose. Zum Flüssigkeitsaustausch kommt es dabei, indem Wasser die Zellmembranen in Richtung der höheren Stoffkonzentration durchfließt. Salz zieht Wasser an, das bedeutet, dass mineralstoffarmes Wasser in Richtung mineralstoffreiches strebt. Dieser Vorgang wird in der Umkehrosmose einfach nur umgedreht. Man braucht dazu keine äußere Energie, es genügt der Wasserdruck in der Leitung.

Die erwähnte Membran des Umkehrosmosegerätes besteht aus einer Kunststoff-Folie, die winzige Poren von nur 0,0001 Mikrometer aufweist. Dies bildet sogar für Viren eine unüberwindbare Barriere, erst recht also für Bakterien und andere Stoffe wie Chemikalien, Rückstände aus Spritzmittel, sogar Reste von Arzneimitteln. Durch die zusätzlich einwirkende elektrische Ladung der Membran werden Ionen, wie jene von Kalk, Nitraten und Schwermetallen, abgestoßen. Durch Umkehrosmose erhält man ein Wasser, indem fast keine gelösten Teilchen mehr zu finden sind. Gutes Osmose-Wasser kommt der Qualität von destilliertem Wasser nahe.

Wasserdestillation

Zum destillierten Wasser gibt es sehr unterschiedliche Ansichten.

Nach der Dampfdestillation erhält man zwar eine fast vollständige Reinigung des Wassers von Mineralstoffen und Schwermetallen sowie Mikroorganismen, die organischen Stoffe und Chlorkohlenwasserstoff können allerdings nur teilweise entfernt werden. Es gilt die Lehrmeinung, dass destilliertes Wasser nichts tauge, weil es dem Körper die Mineralstoffe (Elektrolyte) nach dem natürlichen Osmose-Prinzip entzöge. Die Befürworter des „weichen", destillierten Wassers behaupten, dass dieses ausschließlich tote Mineralien, also im Bindegewebe eingelagerte Schlacken und Ähnliches, aus dem Körper schwemme. Funktionell in die Zellen eingebundene natürliche Mineralien, wie zum Beispiel das Calcium in den Knochen, werden nicht angegriffen. Das Erhitzen ist einer der Nachteile dieser Technik, sie verbraucht viel Strom.

Wir können alle mechanischen Reinigungsverfahren kritisieren, von Tischfiltergeräten bis zur festinstallierten Umkehr-Osmose-Hausanlage oder gar dem aufwändigen Ionen-Austauscher. Sie haben alle Vorteile und Nachteile. In den Aktivkohlefiltern kann es zu Stauungen von schädlichen Rückständen kommen, besonders wenn es nur lose Schüttungen sind und keine gepressten Blöcke. Damit ist die Möglichkeit zu neuen Prägungen unerwünschter Art provoziert. Destillationsgeräte funktionieren nicht ohne Strom (Unterstützung des hauseigenen Elektrosmogs). Hocherhitzen ist immer ein Angriff auf alle Lebenswerte. Selbst bei der Umkehrosmose braucht es künstliches Folienmaterial – also wählen wir hier immer einen mehr oder weniger bewussten Kompromiss.

Hochohmiges Wasser

In der Literatur über Wasser liest man, dass mineralarmes, hochohmiges Wasser das gesundheitsförderndste sei. Die gängigen Wässer sind aber nicht als hoch- oder niederohmig ausgewiesen. Ersichtlich wird dieser Parameter am Gehalt der Mineralien. Ob das Wasser hart und damit ungesund oder weich und deshalb gesünder ist, lässt sich einfach mit seinem spezifischen Widerstand gegenüber Strom feststellen. Die meisten Trinkwasserarten haben einen elektrischen Widerstandswert (Ohm-Wert) von 1.500 bis 2.500 Ohm. Dieser niedrige Wert sagt aus, dass die zu großen Anteile an Mineralien als stromleitende Elektrolyte die notwendige Leitfähigkeit des Wassers verschlechtern; denn je geringer der Mineralspiegel, um so intensiver ist die Reinigungs- und Heilwirkung des Wassers im lebendigen Organismus. Die meisten Leitungswässer der Städte und Dörfer haben Ohmwerte zwischen 1.000 und 3.000. Gute, mineralarme Wasser haben Werte zwischen *6.000 und 30.000* Ohm. Wie aus den geschilderten Zusammenhängen ersichtlich ist, sollte gesundes Trinkwasser wenigstens einen Wert von 6.000 oder mehr aufweisen, um in optimaler Weise die Gesundheit zu erhalten oder wiederherzustellen.

Feinstoffliche Wasserbelebung

Die bloße Entfernung von Schadstoffen löscht noch lange nicht die schädlichen Informationen aus dem Wasser. Schwieriger wird es, wenn die feinstofflichen Wasserbelebungen und das Löschen von schädlichen Schwingungen beurteilt werden sollen. Erinnern wir uns daran, dass ein Geheimnis dieses Urstoffs der Schöpfung das Gedächtnis ist. Was wir benötigen, ist ein freies, feinstrukturiertes Wasser ohne die vielen Fremdimpulse von Arzneimittelrückständen, Hormonen und Asbestbestandteilen (ein wachsendes und oft verdrängtes Problem) – ohne die Nitratanteile, Schwermetallspuren und so weiter.

Der Versuch, den *Informationsgehalt des Wassers zu löschen,* ist ein breites Feld, das von Versuchen und Behauptungen, auch jenseits etablierter Wissenschaft, geprägt ist. Der Biophysiker Wolfgang Ludwig postulierte selbst nach einer Aufbereitung des Wassers bestimmte Signale (Frequenzen, Schwingungen), die je nach Wellenlänge schädlich für die Gesundheit sein können; und auch die Erfahrungen sensitiver Menschen, die Wasser beispielsweise mit Bergkristall aufbereiten, lassen sich zumindest zurzeit noch nicht wissenschaftlich nachweisen.

Der Ausdruck Wasser*belebung* wird ebenso kontrovers diskutiert. Man kann darunter informationell gereinigtes und neu verwirbeltes Wasser verstehen. Im umfassenderen Sinne hat belebtes Wasser den ganzen von der Natur vorgesehenen Kreislauf durchlaufen. Dazu gehört das reine Quellwasser aus artesischen Brunnen, wie sie früher noch an vielen Orten zu finden waren. In einem noch ursprünglicheren Sinne ist belebtes Wasser auch das, was in Pflanzen und Früchten eingebunden ist. Die Wasseraufbereitung nach der Methode des österreichischen Naturforschers Johann Grander funktioniert nach dem Prinzip, dass bestes Quellwasser aus einem siebenstöckigen Bergwerk in einer geschlossenen Spule um die Wasserleitung installiert wird.

Das vorbeifließende Wasser *erinnert* sich beim Durchgang durch diese Spule an die ursprünglichen Qualitäten, ohne sich mit dem Quellwasser zu vermischen – ähnlich einer Schulung oder gar Rückerinnerung.

Zu hinterfragen ist hier, wie lange das Wasser diese neuen, reinigenden oder re-organisierenden Informationen behält? Wasser nimmt sehr leicht an – wie schnell gibt es auch wieder ab? In welchem Zeitraum werden größere Cluster zu kleineren? Lehrt uns das Wasser etwas über Loslassen und Festhalten?

Magnetisierung

Viele der Informierungsgeräte lassen das Wasser zusätzlich an Magneten vorbei oder durch Magnetspulen laufen. Es sind definitiv Veränderungen seiner physikalischen Eigenschaften messbar. In der Technik wird die Magnetisierung von Wasser schon seit vielen Jahren benutzt, weil sich der Kalk (Calcium- und Magnesiumsalze) beim Erhitzen nicht mehr so leicht an den Metallgeräten festsetzt. Für den menschlichen Organismus – wir sind eben mehr als ein „Heizkessel" – ist magnetisiertes Wasser umstritten, denn der Mensch ist in seinem eigenen Magnetfeld noch recht unerforscht, und magnetisiertes Wasser bedeutet dann schon wieder eine zusätzliche Manipulation.

Natürliche Formen der Wasser-*Regen*-eration

Interessant sind die natürlichen Wege des Wassers in puncto Energiegewinnung und Energieabgabe. Das Regenwasser, wie im obigen Kreislauf erwähnt, versickert im Boden und fließt über weite Strecken unterirdisch als Grundwasser. Dabei strömt es durch winzige Poren im Boden und in Gesteinen; und es bleiben – wie bei einem Filter – viele Schadstoffe in den winzigen Hohlräumen hängen. Doch das Strömen durch kleinste Engstellen, die wir wie in unserem Körper Kapillaren nennen könnten, bewirkt auch eine Verkleinerung der Cluster-Strukturen. Größere Cluster-Verbände passen nicht durch die winzigen Hohlräume, also zerfallen sie in kleinere. So wird das Wasser im Boden selbst wieder mit Energie angereichert, denn klein-clusteriges Wasser ist voller Energie.

Eine zweite Art, wie Wasser auf natürlichem Weg mit Energie angereichert wird, ist die der Wasserverwirbelung. Wasser in natürlichen Flussläufen strömt über Stock und Stein und bildet unzählige Wirbel. Dabei gleiten jeweils benachbarte Flüssigkeitsschichten mit unterschiedlichen Geschwindigkeiten nebeneinander her, und die Wasser-Cluster werden zerrieben. Das kann man mit Kieselsteinen im Fluss vergleichen, die mit der Zeit zu feinem Sand zermahlen werden. Die Energie, die zur Zerstörung der Cluster nötig ist, stammt zum Teil aus der Bewegungsenergie des fallenden Wassers. Sonst würden sich ja zumindest steilere Flüsse – durch die innere Reibung der Wasserteilchen aneinander – mit der Zeit erwärmen. Dies ist in der Natur aber nicht so. Wasser in naturbelassenen Flussläufen ist stets kühler als Luft und Boden, weil es beim Strömen in Wirbeln der Umgebung ständig etwas Wärme entzieht. Diese Energie kommt der Auflösung der Cluster-Strukturen zugute.

Eine dritte natürliche Energieanreicherung des Wassers entsteht durch *Regen*-erierung. Verdunstetes Wasser steigt in der Atmosphäre bis in große Höhen von über einhundert Kilometern. Das ist zehnmal höher als die höchsten Wolken. Dabei werden die Tröpfchen immer kleiner, je höher sie nach oben steigen. Dieses Kleinerwerden geht bis hinunter zur Größe der Cluster-Strukturen, so dass sie auch hier zerkleinert und aufgelöst werden. Diesmal kommt die dazu nötige Energie von der Sonne. Anschließend kehrt das Wasser klein-clusterig, also mit neuer Energie angereichert, wieder zur Erde zurück.

Die erste Methode von Mutter Natur wird in den mechanischen Filtermöglichkeiten, wie Kohlefilterung, Umkehrosmose-Geräte und Destillation, verwendet. Das zweite Prinzip des mäanderförmigen gesunden Fließens ahmt man in der Verwirbelung nach.

Die Verwirbelung des Wassers

In Wirbelgeräten wird das Wasser in genau definierten Bahnen auf große Geschwindigkeiten beschleunigt und in eine Wirbelbewegung gebracht. Nun reagiert das intelligente Wasser äußerst sensibel auf falsche Strömungsformen. Eine schonende Zerkleinerung der Cluster-Strukturen geschieht nur, wenn gleichmäßige, schichtweise gleitende

Strömungsverhältnisse die turbulenten Anteile überwiegen. Die Flüssigkeitsschichten müssen also weitgehend homogen aneinander vorbeigleiten und nicht chaotisch durcheinanderwirbeln. Diese Verfahren sind, wie man erkennen kann, sehr techniklastig und dadurch auch nicht ganz preiswert. Es ist fraglich, aber wert es auszuprobieren, ob eine regenerierende Verwirbelung möglich ist, wenn der Mensch in einem Glas Wasser mit einer naturbelassenen Bergkristallspitze rührt.

Der deutsche Wasserforscher Wilfried Hacheney entwickelte Anfang der achtziger Jahre die Levitationsmaschinen. In ihnen wird das Wasser viele Male nacheinander in einem geschlossenen Kreislauf vom einem starken Saugrotor durch einen hyperbolisch geformten Innentrichter gesaugt. Hyperbolisch wird eine Kurvenform benannt, die im Schnitt einer Sanduhr ähnelt, ihre Kurven bewegen sich im Prinzip ins Unendliche. Dabei wird es turbulenzfrei sehr stark beschleunigt und anschließend in extrem kleine Tröpfchen zerstäubt. So entsteht ein Wasser im rhythmischen Wechsel zwischen Sog und Druck. Zwischen den mit unterschiedlicher Geschwindigkeit aneinander vorbeiströmenden Flüssigkeitsschichten bilden sich winzige, extrem schnelldrehende Mikrowirbel aus. Mittlerweile gibt es solche Maschinen auch für den kleinen Haushalt, allerdings sind die Kosten nicht gerade gering. Dafür erhält man superweiches Wasser, wie direkt von der Quelle, lässt man die Technik einen Augenblick beiseite.

Der Wasserpionier Manfred Jahreis brachte, ebenfalls nach jahrelanger Forschungsarbeit, Anfang der neunziger

Jahre den Vita-Vortex-Wasserwirbler auf den Markt. Vortex ist ein lateinischer Begriff für Wirbel. Nach einer niederfrequenten Vorwirbelung wird das Wasser in die Hauptwirbelkammer doppelspiralig linksdrehend eingespritzt. Diese Linksdrehung geht an einem genau definierten Punkt in eine Rechtsdrehung über, indem ein Sog erzeugt wird. Feinzerstäubt verlässt das Wasser am Ende das nur etwa fünf Zentimeter große Gerät, das an jeden Wasserhahn angeschraubt werden kann.

Diese Wechsel der Bewegungsformen, wie sie in den beschriebenen Wirbelgeräten vorkommen, sind besonders wichtig. Sie ahmen die Natur im Beispiel der naturbelassenen Wasserläufe nach. Sie wirken wie ein Atemvorgang. Neben dem Öffnen und Schließen des Wasserkörpers, der eine Lockerung des verclusterten Wassers bewirkt, kommt es auch zum Gasaustausch im Wasser, und Kohlendioxid, Faulgase, Fluor und andere Gase können entweichen. Die Aufbereitung des Wassers durch Bewegung ist nicht nur die beste, sondern auch die natürlichste von den technischen Möglichkeiten, denn sie versucht, die natürlichen Prozesse zu kopieren; zudem stellt sie dem oft arg gestressten Wasserkörper Energie zur Verfügung, ohne ihm neue Informationen zu diktieren. Es ist wichtig, diesen natürlichen Ablauf der Verwirbelung zu verstehen, denn es gibt eine Reihe von Wirbelgeräten auf dem Markt, die die speziellen Feinheiten des Wassers überrennen.

Die Strömungsgeschwindigkeiten in der erklärten Verwirbelungsweise sind extrem hoch, sie liegen im Überschallbereich. Der ganze Prozess läuft dadurch viele Tausend Mal schneller und stärker ab als in der Natur. Die wirbelnde Bewegung findet auch nicht nur während der Aufbereitung im Gerät statt, sondern das Wasser rotiert noch tage- oder wochenlang in winzigen, nicht sichtbaren Mikrowirbeln. Vielleicht tanzen die Wasserteilchen einen Reigen mit den gelösten Stoffen. Dabei steigt der Sauerstoffgehalt oft noch an.

Es tauchen immer wieder Fragen auf, die den Sinn und Zweck von Verwirbelungen und/oder stofflicher Reinigung anzweifeln. In Anbetracht der zunehmenden Umweltverschmutzung sei es illusorisch, einen so großen Wert auf die Informations- und Energieebene zu legen. Man sollte vorsichtig das bisher Erkannte abwägen und den interessierten Blick auf neue Ergebnisse und Erfahrungen richten. Unser Körper ist keine chemische Maschine, sondern ein lebendiges, energetisches und informelles Wunderwerk. Die Erfahrungen belegen, dass Wasser, das zwar einiges an Schadstoffen enthält, aber energiereich ist und kaum große Cluster-Strukturen besitzt, bessere Lösungseigenschaften zeigt als fast schadstofffreies (messbarer Anteil) und mit schädlichen Informationen (nicht-messbar) beladenes. Seltsamerweise sind zehn Milligramm Nitrat oder Blei nicht in jedem Wasser gleich giftig.

In der Praxis heißt das, dass die Schadstoffe nur dann wirklich vom Körper aufgenommen werden, wenn sie von großen Cluster-Gebilden begleitet werden und nicht genügend freie kleine Wasserteilchen vorhanden sind. Schwimmen die Schadstoffe hingegen frei zwischen den Wasserteilchen und ist der Körper nicht gezwungen, aus Wasserknappheit auch noch das letzte Molekül aufzunehmen, dann kann er die Schadstoffe zur späteren Ausscheidung im Verdauungstrakt belassen und aus dem Trinkwasser oder der Nahrung nur das holen, was er tatsächlich benötigt. Deshalb mag im Zweifelsfalle ein mäßig belastetes, bewegtes, energiereiches, klein-clusteriges Wasser jedem chemisch reinen, aber toten Wasser vorzuziehen sein.

Umweltgifte und Schadstoffe

Unser tägliches Wasser ist neben seinen bisher beschriebenen Funktionen ebenso der Transporteur zahlreicher Umweltgifte und Schadstoffe. Zu den Schwermetallen, deren spezifisches Gewicht über fünfmal schwerer als Wasser ist, gehören Quecksilber, Blei, Cadmium, Nickel, Zink und Kupfer. Zu den gängigen Leichtmetallen zählen Aluminium und Titan.

Einige von ihnen werden dennoch im Stoffwechsel von Mensch, Tier und Pflanze als unentbehrliches Spurenelement gebraucht, so zum Beispiel Eisen, Kobalt, Kupfer, Nickel, Mangan, Zink, Kupfer und Molybdän. Stoffe, welche die Umwelt und auch unseren lebendigen Organismus stark belasten, sind Cadmium, Quecksilber, Chrom, Nickel, Thallium und Blei. Schwermetalle gelangen als Emission über den Abfall, das Abwasser oder Flugstaub aus der Verbrennung in die Umwelt und bergen für die Gesundheit, je nach Metall, akute oder schleichende Gefahren.

Spurenelemente, die der Körper benötigt, sind zum Beispiel Zink für die Wirkung im Immunsystem, Kupfer und

Eisen für die roten Blutkörperchen und Enzymwirkungen, Selen mit der Wirkung auf die Schilddrüse und die Schwermetallentgiftung, Magnesium und Zinn mit Wirkung auf Enzyme, Chrom mit Wirkung auf den Kohlehydratstoffwechsel, Cobalt als Zentralatom des Vitamins B12, Mangan mit Wirkung auf das Stütz- und Bindegewebe der Haut. Letzteres ist wichtig als Enzym für die Bildung der Glutaminsäure (für das Gehirn) und zum Umbau von Eiweiß zu Harnstoff, außerdem hat es Einfluss auf die Produktion von Insulin in der Bauchspeicheldrüse und vieles mehr.

Bei der Diskussion über Schadstoffe, die in den letzten Jahren berechtigterweise sehr intensiv geführt wird, übersieht man meist verschiedene Punkte. Der Nachweis von Verunreinigungen ist immer eine Frage der Analysetechnik. Wenn die Nachweisgrenze entsprechend niedrig angesetzt wird, gibt es vermutlich nichts, was unbelastet ist. Es stellt sich hier, wie so oft, die entscheidende Frage des Maßes. Bestimmte Schadstoffe, wie Schwermetalle, befinden sich seit Jahrzehnten in unserer Nahrung und lassen sich auch heute noch in fast allen Lebensmitteln nachweisen. Diese werden in der Regel in größeren Mengen verzehrt, so dass selbst bei geringem Schadstoffgehalt die aufgenommene Menge für Beschwerden ausreicht. Die Schwermetalle gehören zu den wichtigsten zellulären Stressfaktoren, die antioxidative Schutzmechanismen verbrauchen und dadurch biologische Funktionseinbußen, wie Alterungsprozesse oder DNA-Schädigung bis hin zur Tumorbildung, provozieren.

Wasser ist als Meer leider mehr und mehr der Mülleimer der Industrie. So sind etwa die Fische, die wir essen und die für unsere Ernährung Spender vieler gesundheitsfördernder Stoffe sind, auch Giftstoffträger, in denen manches fünfundzwanzigmillionenfach konzentriert ist. Wir wissen, dass wir ein großes Nitrat-Problem haben. Nitrat wird durch die Landwirtschaft in großen Mengen in den Ackerboden eingebracht und tritt früher oder später wieder über das Grundwasser zutage. Im sauren Milieu des Magensaftes wandelt sich Nitrat zu Nitrit um und wird in Verbindung mit den Eiweißbestandteilen der Nahrung zu so genannten Nitrosaminen. Diese zählen zu den stärksten Krebserzeugern, die wir kennen. Bei zu hohen Nitratwerten im Trinkwasser sind die Säuglinge und Kleinkinder besonders gefährdet. Es entsteht eine Sauerstofftransportstörung, bei der sich der Stickstoff an den Blutfarbstoff ankoppelt. Im Gegensatz zu den Erwachsenen haben diese „kleinen" Menschleins noch keinen Gegenmechanismus entwickelt.

Kapitel 5

Wasser im lebendigen Stoffwechsel

Wessen Tat vom Geist beseelt,
das Leben aufs neue zu ehren,
dem folgt selbst die trägste Masse
und lässt zu neuem größeren Sein sich formen.

Spruch aus dem I-Ging

„Pantha rhei" ist griechisch und bedeutet, *alles fließt*. Das Lebendige ist immer in Bewegung, in fließender Bewegung. Durch Wasser ist die Grundlage allen Lebens gegeben. Leben kennt keinen Stillstand. Leben heißt pausenloses Auf- und Abbauen und Umwandeln. Stoffe werden abgebaut und in Wärme umgewandelt, Abfallprodukte werden so verändert, dass sie ausgeschieden werden können, Stoffe werden im Huckepack-Verfahren von einem Ort zum anderen weitertransportiert, Verletzungen repariert, eingedrungene Fremdkörper eliminiert und neue Zellen werden gebildet. Keine einzige der unzähligen Stoffumwandlungsreaktionen findet ohne Wasser statt. Es ist der notwendige Reaktionspartner und Vermittler, es steuert und verwaltet alles im lebendigen Organismus.

Am Anfang unseres menschlichen Lebens beginnen wir mit achtundneunzig Prozent Wasser (Eizelle und Spermium)! Mit zunehmendem Wachstum und Alter *schrumpft* unser Wassergehalt. Ein Erwachsener besteht immerhin noch zu *fünfundsiebzig Prozent aus Wasser!* Ein etwa sechzig bis siebzig-jähriger Mensch hat noch ungefähr sechzig Prozent.

Im Grundbaustein unseres Körpers – in der Zelle – finden wir die Hauptmasse unserer Körperflüssigkeit. Die etwa dreizehn Milliarden Zellen in unserem Organismus leben gewissermaßen in Wasser eingebettet. Im Zellinneren findet der eigentliche Stoffwechsel statt, der Aufbau und Erhalt unseres Körpers im Detail. Sämtliche Bereiche unseres Körpers hängen unmittelbar von der Arbeit der Zellen ab. Zwischen den Zellen, dem Lymphgewebe und den Blutgefäßen existiert jedoch noch ein weiterer wichtiger wassertragender Bereich, der oft vernachlässigt wird – der Zellzwischenraum, der die losen Strukturen des Bindegewebes enthält. Im Bindegewebe befinden sich Nervenfasern und Bindegewebsfasern in einem feinen Gitternetzwerk, das die eigentliche Feinstruktur des Bindegewebes ausmacht.

Zellzwischenräume als Filter

Das Gitternetzwerk ist außerordentlich komplex aus Zucker (Kohlehydraten) und Eiweiß aufgebaut und hat ein immenses Vermögen, Wasser zu speichern. Jede Substanz, die in die Zelle hinein will, muss aus den Blutkanälen heraus und durch dieses feine Sieb hindurch. Das Siebsystem hat eine ähnliche Funktion wie unsere Niere. Es kann aber auch Substanzen speichern. Normalerweise müssen unerwünschte Stoffe wieder aus dem Körper entfernt werden, zum Beispiel über die Niere, den Darm oder die Lunge. Alles, was nicht über die üblichen Organe ausgeschieden werden kann, wird im Körper deponiert und zwar in diesem losen Bindegewebe mit seinen komplexen dreidimensionalen Raumgitternetzen. Hier finden die Ablagerungen statt. Man könnte diesen Ort auch bedingt die Mülldeponie des Körpers nennen.

Es werden aber nicht nur Stoffwechsel-Endprodukte gespeichert, sondern auch alle von außen eingebrachten überflüssigen Substanzen und Schadstoffe – auch solche, die mit dem Wasser zugeführt werden. Besonders problematisch sind Pestizide und Schwermetalle, die darüber hinaus auch noch zerstörende Wirkung auf das Gewebe ausüben. Die Folge einer solchen Verschlackung ist jedoch nicht nur eine Gewichtszunahme, sondern auch eine Übersäuerung und eine Verfettung des Bindegewebes und dadurch eine Funktionseinschränkung großen Maßes.

Der Organismus versucht auszugleichen, indem er im Gefäßsystem den Druck erhöht. In den „zivilisierten" Ländern akzeptiert man wie selbstverständlich, dass mit steigendem Alter auch der Blutdruck steigt. Es wird übersehen, dass hoher Blutdruck oft nur Ausdruck der immer schlechter werdenden Durchlässigkeit des Zellzwischengewebes ist. Mit entsprechenden Mitteln wird zwar der Blutdruck wieder gesenkt, aber dadurch gleichzeitig die Versorgung der Zellen gedrosselt, die jetzt von weniger Flüssigkeit erreicht werden. Außerdem wird mit dem Medikament erneut ein synthetischer Stoff eingebracht, der unter Umständen wieder im Bindegewebe abgelagert wird, weil er nicht ausgeschieden werden kann. Ein seltsamer Kreislauf einer Pseudo-Hilfestellung.

Bevor diese Situation der Herz-Kreislauf-Gefäßsymptomatik eintritt, gibt es schon Probleme auf der Zellebene. Die Zelle erhält weniger Nahrung und steht damit unter immer größerem Stress. Ihre Funktionen erlahmen und können absterben, oder die Zelle wählt eine andere, noch gefährlichere Möglichkeit. Jede Zelle trägt das Gedächtnis ihrer gesamten Entwicklung in sich. Sie weiß, dass sie vor langen Generationen einmal eine Ein-Zelle war. Wenn nun die Nahrungsversorgung zusammenbricht, werden archaische Mechanismen aus der Frühzeit der Zelle wieder aktiv. Um überleben zu können, beginnt die Zelle sich selbstständig zu machen und wächst auf eigene Faust weiter. Sie weiß, dass sie nur dann überleben wird, wenn sie schnell wächst, sich schnell teilt und auf ihre Umgebung keine Rücksicht nimmt. Dieser Rückfall in ein Urmuster tritt nie willkürlich ein, sondern entsteht immer aus einer für die Zelle lebensbedrohlichen Situation, zu der mehrere Faktoren gehören.

Hier schließt sich der Bogen zum Wasser, denn durch hochwertiges Wasser, durch Wasser, das in der Lage ist, wirklich Lösungsmittel zu sein, können wir für die Reinigung unseres Bindegewebes sorgen. Nicht umsonst ist es gerade bei dem intensivsten Reinigungsprozess, den wir im Fasten kennen, besonders wichtig, mineralarmes, hochohmiges Wasser mit besten Lösungseigenschaften zu trinken. Das heißt Wasser, das nicht durch darin enthaltene Stoffe bereits in seiner Aufnahmefähigkeit beschränkt ist.

Wasser durchdringt nicht nur jede Körperzelle und ermöglicht erst die Kommunikation zwischen den unterschiedlichsten Zellverbänden; Wasser regelt nicht nur alle Funktionen des Organismus, wie Körperaufbau, Stoffwechsel, Verdauung oder Kreislauffunktionen, sondern es ist genauso für unser Bewusstsein verantwortlich und unterhält Denkvorgänge. Es spielt sogar eine Rolle im Empfinden, in den Bereichen der Gefühle und Stimmungslagen. Wasser ist der Träger aller körperlichen und geistigen Informationen.

Wozu braucht der Mensch gutes Wasser?

Die Ausscheidung von Giftstoffen über Nieren, Darm, Haut und Lungen passiert *nur mit* und *durch* Wasser. Innerhalb von vierundzwanzig Stunden fließen ungefähr vierzehnhundert Liter Blut durch unser Gehirn. Innerhalb dieser Zeit strömen zweitausend Liter Blut durch unsere Nieren. Etwa eineinhalb bis zweieinhalb Liter „Wasser" scheiden wir täglich aus. Es mag sein, dass man diese Zahlen einfach so liest, ohne sich diese enorme Leistung des Körpers konkret vorzustellen. Zum Beipiel verringern Kaffee- und Alkoholgenuss durch ihre wasseraustreibende Wirkung den Flüssigkeitsgehalt im Gehirn, was somit die Denkprozesse und Konzentrationsfähigkeit erschwert.

Den täglichen Flüssigkeitsverlust ersetzen wir in der Regel durch Trinken und hoffentlich wasserreiche Kost. Dabei ist das individuelle Körpergewicht maßgebend. Eine einfache Faustregel könnte lauten: Pro Kilogramm Körpergewicht sollte man dreißig Milliliter trinken, zusätzlich zur Nahrung inklusive der wässrigen Lebensmittel. Ein etwa zwanzig Kilogramm schweres Kind sollte also mindestens 0,6 Liter Wasser trinken, ein sechzig Kilogramm schwerer Erwachsener etwa 1,8 Liter, ein achtzig Kilogramm schwerer Mensch etwa 2,4 Liter.

Vernachlässigen wir die Flüssigkeitszufuhr – ganz abgesehen von der Wasserqualität – verlangsamt sich die Stoffwechselrate, verschlacken die Zellen und ermüden viele Funktionen. Zuerst betrifft das die Gehirnfunktion und das Reaktionsvermögen! Die benötigte Flüssigkeitszufuhr sollte kohlensäurefreies, mineralarmes Wasser sein, gemeint sind auch nicht Kaffee oder süße Getränke. Je weniger Inhaltsstoffe die Flüssigkeit hat, desto besser ist die Spülfunktion. Mineral- oder kohlensäurehaltiges Wasser kann keine Giftstoffe und Abbauprodukte mehr aufnehmen, weil es bereits gesättigt *ist.* Die Lösungsfähigkeit des Wassers für die Abfallprodukte ist um so größer, je kleiner die Cluster-Gebilde sind. Je mehr sich die freien (elektrisch geladenen, also energiereichen) Hände des Wassers selbst die Hand reichen, desto weniger freie Energie besitzt es, um andere Stoffe zu binden.

Wenn die Lösungskapazität des Blut-, Lymph- und Zellwassers erschöpft ist, fallen an allen möglichen Stellen die Stoffe aus der Lösung aus, das bedeutet, sie setzen sich als Schlackenstoffe im Körper ab. Zu Anfang toleriert das der lebendige und ständig ausgleichende Organismus bis zu einem gewissen Maß, später entwickeln sich daraus bekannte Symptomenbilder wie Verhärtungen an Gelenken, Ablagerungen in Gefäßen (von Arteriosklerose bis Steinbildungen) und Ähnliches.

Transport durch die Zellwand

Eine wichtige Funktion spielt in all dem Geschehen die Zellwand, denn damit Stoffe in die Zellen und aus den Zellen herausgeschleust werden, muss diese und das Milieu um die Zellwand passierbar sein. Die Zellwand kann man sich wie ein flüssiges Mosaik aus tausenden einzelner Moleküle vorstellen, die alle dicht an dicht nebeneinander stehen und eine Doppelschicht bilden. In diese Doppelschicht eingelagert finden sich so genannte Pförtner oder Schleusen. Das sind Eiweißverbindungen mit überwachender und steuernder Funktion. Alle Stoffe, die durch die Zellwand hindurch sollen, müssen durch diese Eiweißschleusen transportiert werden. Dazu braucht es Wasser, das die betreffenden Stoffe nicht nur in Lösung hält, sondern aktiv durch die Schleusen trägt. Hochgradig verclustertes Wasser passt nicht durch die Membranporen, und so kommt es oft zu Stauungen und nachfolgenden Rückstauungen in den Zellzwischenräumen. Der lebenswichtige Austausch zwischen Blut und Lymphe wird gestört – die nötigen Stoffe sind vorhanden, aber gelangen nicht dort hin, wo sie gebraucht werden. Immer mehr Schlackenstoffe bleiben im Zellinneren zurück, immer weniger lebenswichtige Nährstoffe kommen in der Zelle an. Es kommt zu Verschlackungen und Übersäuerungen.

Bei der Arterienverkalkung setzen sich an den Innenwänden der Blutgefäße nicht wegtransportierte Schlackenstoffe ab, so dass sie mehr und mehr unflexibel werden, ihr Durchschnitt sich verkleinert und sie allmählich „verkalken". Anfangs sind es meist nur ein paar Fettablagerungen, später kommen Eiweißkörper und stärke- beziehungsweise zuckerähnliche Stoffe dazu. Die sich so bildenden Plaques lassen die sonst dehnungsfähigen Gefäßwände hart und spröde werden und veranlassen so einen Durchbruch oder eine Verstopfung.

Bei dem Symptomenbild der Gicht setzen sich Harnsäuresalze vor allem in Gelenken und deren Umgebung ab. Die Ernährung von zuviel tierischem Eiweiß unterstützt das noch. Wasser, das die Harnsäure besser in Lösung hält und wieder ausscheidet, unterbindet dies. Bei der Steinbildung in den Nieren, der Blase und der Gallenblase, aber auch im Gewebe oder im Darm, kristallisieren die aus der Lösung fallenden Stoffe zu steinharten Gebilden.

Wenn sich die Schlackenstoffe nicht nur in Gefäßen, Gelenken und Hohlorganen (was schmerzhaft genug sein kann) sammeln, können sich solche Ablagerungen im Hirngewebe anhäufen und Symptome von Konzentrationsstörungen, extreme Vergesslichkeit bis hin zur Alzheimer Krankheit gefördert werden. Hier sind besonders die Aluminiumsalze in der Diskussion, die in den meisten Abführmitteln, in Magenschleimhautschutzmitteln und in vielen Lebensmittelprodukten vorkommen. Aluminiumsalze werden vor allem in der Nahrungsmittelherstellung dazu gebraucht, um Pulverisiertes streufähig zu halten.

Selbst schlechte Wundheilung kann auslösende Faktoren im verminderten Wasserhaushalt haben. Wenn das Gewebe verletzt ist, gibt es eine Menge Aufräumarbeiten. Zerstörte

Zellbestandteile müssen zerkleinert und weggeschwemmt werden, bevor neues Zellmaterial wieder zusammengebaut werden kann.

Ein Grund für Infektionsanfälligkeit kann unter anderem darin liegen, dass das Immunsystem in seiner wirklichen Arbeit durch zuviel Schlackenstoffe im Zwischenzellraum gehindert wird. Manche aus der Lösung fallende Stoffe sind nur Zwischenprodukte des Stoffwechsels und reagieren besonders aggressiv. So genannte „freie Radikale" sind Moleküle in uns, die ein offenes chemisches Bindeglied haben, das heißt, sie versuchen, schnellstens einen Reaktionspartner zu finden und reißen dazu Partner mit Gewalt aus anderen Molekülverbindungen heraus. Oft erzeugen solche Radikale dadurch viele neue Radikale, die ihrerseits andere Verbindungen auseinanderreißen und im Gewebe regelrecht zerstörerisch wirken.

Lösende und bindende Kräfte

Die lösende Kraft des Wassers kann als wahrer Motor des Stoffwechsels angesehen werden. Die freien Wassermoleküle und kleineren Cluster lagern sich so an Fremdstoffe an, dass sich elektrische Ladungen entgegengesetzt gegenüber stehen. Dadurch puffert das Wasser die extremen elektrischen Ladungen von Substanzen ab. Substanzen, die gewöhnlich nicht miteinander reagieren, weil sie sich gegenseitig abstoßen, können dank dieser Art der Pufferung doch miteinander reagieren. Das Wasser reicht sozusagen beiden Stoffen die Hand und führt sie zusammen. Sehen wir einerseits die lösende Kraft des Wassers, ist sie zur gleichen Zeit verbindend.

Dadurch gelingt dem Wasser schon bei unserer Körpertemperatur von rund 36,5 Grad Celsius das, was im Labor nur mit großer Hitze von außen möglich ist. Die vermittelnde Eigenschaft des Wassers ermöglicht so sehr effiziente Stoffwechselreaktionen, denn es schließt die Substanzen zur Reaktionsfähigkeit auf. In der Chemie nennt man solche Stoffe, die andere zu Reaktionen veranlassen, Katalysatoren. Das Wasser ist als Katalysator bei allen Reaktionen des Körpers beteiligt.

Wenn Substanzen nicht lösbar sind, werden sie zumindest von Wassermolekülen umlagert. Diese Umlagerung der großen Biomoleküle nennt man Kolloid. Ohne solche Kolloidbildungen gäbe es keine lebenswichtigen Eiweißbausteine wie Enzyme, Vitamine, Hormone, Neurotransmitter und sogar die Erbsubstanz, die DNS. Die Wirkungsfähigkeit eines Enzyms ist in hohem Maße von seiner räumlichen Struktur abhängig. Verändert sich diese, können die Reaktionspartner nicht mehr angelagert und umgesetzt werden. Schon bei einer geringen Veränderung des Säure-Basen-Verhältnisses oder bei geringen Temperaturveränderungen büßen die meisten Enzyme ihre Wirksamkeit ein. Deshalb ist die Funktionseinheit Mensch bei einer Temperaturerhöhung, wie es bei Fieber der Fall ist, äußerst empfindlich.

Hormone sind Botenstoffe, die in winzigen Mengen von bestimmten Drüsen in die Blutbahn abgegeben werden und im funktionierenden Organismus einzelne Zellgruppen zu bestimmten Aktivitäten veranlassen oder sie drosseln. Das geschieht im supergenau ausgetüftelten Schlüssel-Schloss-Prinzip. Sowohl die Hormone selbst als auch ihre Empfängerstationen funktionieren nur dann, wenn ihre räumlichen Strukturen genau eingehalten werden. Verfällt die Wasserstruktur des Organismus, dann können die Hormone ihre gezielte Wirkung in den Zellen nicht mehr auslösen. Wenn der Körper keine positiven Rückmeldungen an das zentrale Gehirn gibt, schüttet er weitere Botenstoffe aus, was dann wiederum – leider oft missverständliche – Reaktionen und Störungen auslöst. Leider finden sich in unserem Trinkwasser manchmal noch Rückstände von Hormonen, zum Beispiel künstliche Hormone, die Schlachttiere für schnelleres Wachstum bekamen, oder Stresshormone, die beim Transport und der weiteren Behandlung der Tiere entstanden.

Wasser ist kein Mineralstoff-Versorger

Wasser durchspült die Organe und reinigt Zellen und Bindegewebe. Wasser hat definitiv nicht die Aufgabe, den Körper mit Mineralstoffen zu versorgen, wie das die Hersteller von isotonischen Getränken behaupten. Die anorganischen Mineralstoffe in diesen Getränken gehen zwar in die Blutbahnen, aber nicht in die Zellen, denn an der Zellmembran entscheidet allein die innere physikalische Qualität des Mineralstoffes über seine Aufnahme.

Die besten Mineralienspender sind Früchte, rohes Gemüse und Salate – solche LEBENSmittel enthalten nebenbei hervorragende Wasserqualität, reinstes lebendiges, organisches, klein-clusteriges Wasser. Entscheidend ist vor allem die Bindung der Mineralien an bestimmte organische Transportmittel. Diese Einbindung der Mineralien in organische Stoffe findet in der Pflanze statt. Nur in dieser aufbereiteten Form können uns Mineralien als Nahrung dienen. Daher ist es sehr wichtig zu verstehen, wofür wir Wasser brauchen und was es nicht leisten kann.

Die im Wasser vorhandenen Salze und Mineralien liegen in der Form vor, in der sie polarisiertes Licht nicht drehen können. Ohne diese Eigenschaft können sie die Zellmembran nicht oder nur in sehr geringem Maße durchdringen, und es kommt daher zu erhöhtem osmotischen Druck außerhalb der Zellmembran und zu einem verminderten Druck und damit zu einem Wassermangel innerhalb der Zelle. Letztendlich heißt das, zuviel Gewebswasser ist außerhalb der Zelle, während das Zellinnere am Verdursten ist. Wir wissen alle von Schiffsbrüchigen, die in ihrer Not Meerwasser getrunken haben und verdurstet sind. Im Prinzip passiert das auch in uns, nur sehr viel langsamer. Eine Übermineralisierung im Zellzwischenraum geht einher mit einer Austrocknung des Zellinneren.

Folgen von Übermineralisierung

Auf diese Weise werden eine Reihe von Folgekrankheiten provoziert, die das Zellgleichgewicht stören. Sie beeinflussen das biologische Terrain in krankheitsfördernder Weise. Gerade die Überladung des Organismus mit organischen Mineralsalzen gehört zu den entscheidenden Faktoren von

Alterungsprozessen und Störungen auf vielen Ebenen. Für unseren Organismus sind nur solche Mineralien verwertbar, die an organische Stoffe, wie zum Beispiel Aminosäuren, gebunden sind. Organische Stoffe, wie Citrate, Gluconate, Orotate und so weiter, haben die so genannte Bioverfügbarkeit der Mineralien wesentlich gesteigert. Bioverfügbarkeit besagt, dass ein zugeführter Stoff auch ins Gewebe oder genauer ins Zellinnere eingebaut wird, beziehungsweise im Organismus nachgewiesen werden kann.

Der stetig zunehmende Konsum von Mineralwässern in den letzten Jahren korreliert mit einer Zunahme an Krankheiten des Gefäßsystems. Unser allgemeiner Drang nach mehr Materie, also nach dem Materiellen, zeigt sowohl in unserem Organismus als auch in unserer Umwelt seine Wirkung. Das Zuviel an Nahrung und an Mineralien verstopft unsere körperlichen Verkehrswege. Es entstehen Staus, und wo Stau ist, ist der Fluss des Lebens unterbrochen. Es ist eine interessante Beobachtung im Leben, dass das „immer mehr, weiter, höher und schneller" zum Gegenteil hinführt, nämlich zur Verlangsamung bis hin zum Stau und Stillstand. Besinnen wir uns auf jahrtausendealte Lebensweisheiten, wie in der folgenden Überschrift ausgedrückt, die einst Laotse formulierte:

In der Minderung (Mineralien) liegt die Mehrung

Unser Trinkwasser sollte so wenig wie möglich Mineralien enthalten, diese entnehmen wir sinnvollerweise aus der Nahrung. Was jedoch aus technischen, genussartigen und

Gründen der Haltbarkeit den Nahrungsmitteln zugesetzt wird, ist anorganischer Natur und somit wieder belastend, wenn eine bestimmte Menge überschritten wird.

Das Trinkwasser ist in erster Linie ein Lösungs- und Reinigungsmittel. Je ärmer an Mineralien es ist, um so höher liegt der Ohm- oder Widerstandswert. Je niedriger der Ohm-Wert ist, um so weniger Reinigungseffekt hat das Wasser auf unseren Organismus. Bei der Häufigkeit der Zivilisationskrankheiten ist die Verwendung mineralienarmen, hochohmigen Wassers geradezu eine Notwendigkeit. Nur mineralienarmes Wasser ist in der Lage, den Körper von überschüssigen, abgelagerten Mineralien zu befreien und ihm im wahrsten Sinne des Wortes wieder Luft zu verschaffen.

Wer Angst um seine Mineralien hat und eine Knochenentkalkung befürchtet, weil mineralarmes Trinkwasser den Kalk aus seinem Körper ziehen könnte, kann diese getrost beiseite lassen. Organisch gebundene Mineralien können durch mineralarmes Wasser keinesfalls aus dem Körper gelöst werden. Was aus dem Körper gelöst werden kann, das sind anorganische Mineralien, die sozusagen als Müll überall im Körper abgelagert sind. Diese Notmüllkippen des Körpers zu beseitigen, ist ein Beitrag zu einer verbesserten Leistungsfähigkeit des Organismus und daher zu einer besseren Gesundheit.

Wassermangel und Durst

Wassermangel zeigt sich im lebendigen Stoffwechsel in verschiedenen Gesichtern. Schon nachlassende Konzentrationsfähigkeit während fordernder geistiger Beschäftigung kann ein Anzeichen dafür sein, denn der Körper wird bei beginnendem Wassermangel zuerst die lebenswichtigen Funktionen beibehalten und deshalb die zum Erhalten der Homöostase weniger wichtige Gehirnleistung drosseln. Selbst leichte Schwindelattacken beim Treppensteigen, Bücken oder Aufstehen können Signale für Wassermangel und Sauerstoffmangel im Gehirn sein.

Mit ausreichend Wasser bringt man nicht nur Denkleistung und den Blutkreislauf in Gang, sondern fördert im großen Maß die Verdauung. Zum Verdauen der Nahrung ist eine ganze Menge Wasser nötig. Besonders dann, wenn die Nahrung selbst wenig Wasser enthält. Die höchsten Wasseranteile von meist weit über achtzig Prozent haben frische Früchte, rohes Gemüse und Sprossen. Brot beispielsweise ist sehr trocken, und der Körper muss es erst einmal mit reichlich Nahrungssäften einschleimen. Das Trinken von einem großen Glas Wasser, etwa eine halbe Stunde vor dem Essen, sorgt dafür, dass die Verdauungssäfte in Menge und Konzentration für die bevorstehende Arbeit vorbereitet sind. Trinkt man nur während des Essens, werden die Verdauungssäfte eher verdünnt und sind weniger effektiv.

Wenn das Wasser im Verdauungstrakt für die Arbeit nicht ausreicht und die Reserven dafür aufgebraucht sind, entsteht Durst. Das bedeutet, wenn wir Durst empfinden, meldet der Körper schon das *Notprogramm* – dann hat er schon die Reserven aufgebraucht! Es ist also für unser gesamtes System sinnvoll, schon vor Durstgefühlen genügend Wasser zu trinken. Bevor man sich sportlich bewegt, sollte man trinken, damit der Körper ausreichend Material zum Schwitzen hat. Es versteht sich von selbst, dass man danach auch trinkt. Wer zu Verstopfung und Darmträgheit neigt, könnte sinnvollerweise gleich morgens auf nüchternen Magen ein bis zwei große Gläser trinken – das wäre besser als jeder Gedanke an Abführmittel.

Einen fatalen Kreislauf gibt es oft um das Thema Sodbrennen. Es entsteht, wenn Magensäure die Speiseröhre hinauf steigt und dort nicht neutralisiert werden kann. Viele der Sodbrennen löschenden Mittel neutralisieren mit Laugen-Präparaten, was die Magensäureproduktion manchmal noch anregt.

Wassermangel erkennt man deutlich an der Urinfarbe. Diese sollte möglichst hell, fast farblos sein. Je intensiver der Urin in der Farbe ist, desto dehydrierter ist der Körper, und um so mehr müssen die Nieren schuften. Geradezu paradox erscheinen Wasseransammlungen in den Beinen und Armen als Zeichen von Wassermangel. Doch der Körper ist dehydriert und hat zuviel Salze im Gewebe gespeichert, welches Wasser im Zellzwischengewebe bindet. Das passiert vor allem beim Siedesalz, dem Natriumchlorid, bei mehr-mineraligem Meer- und Steinsalz weniger. Es gibt bei diesen Symptomenkomplexen mittlerweile sehr gute Literatur von F. Batmanghelidj oder Peter Ferreira, und es lohnt sich, die

Zusammenhänge zu verstehen und entgegenzuwirken, bevor man in den Kreislauf von Medikamentenabhängigkeit hineinrutscht.

Ein wichtiger Faktor bei der Entstehung von Wassermangel ist Stress. Es gibt den positiven Stress, der uns herausfordert und uns oft über unsere selbst gedachten Grenzen hinausschauen lässt – dabei fordert er auch den Körper. Bei zuviel des negativen Stresses, der den Körper dann überfordert, fährt der Organismus eine Reihe von Notprogrammen ab. In Gefahrensituationen, oder auch nur wenn wir uns unwohl fühlen, werden gespeicherte Energielieferanten und Reparaturmaterialien, wie Stärke und Eiweiße, abgebaut, um für einen Kampf oder eine Flucht sofort zur Verfügung zu stehen. Für solche Um- und Bereitstellungsprozesse wird vermehrt Wasser gebraucht. Wassermangel ist bedrohlich und schafft Stress, und so wird ein Teufelskreis unterstützt. Wassermangel erzeugt Stress, und Stress erzeugt wiederum Wassermangel.

Zu dem erhöhten Wasserbedarf bei Stress kommt noch ein psychologischer Faktor hinzu; denn die meisten Menschen tendieren in Stress- und Hektik-Situationen dazu, noch weniger auf die Signale ihres Körpers zu achten. Sie essen noch schneller (weil keine Zeit), noch ungesünder (weil keine Zeit), trinken noch mehr Kaffee zur schnellen „Pseudo“-Leistungssteigerung (wirkt wasseraustreibend) und meistens zu wenig Wasser. Zu dem modern werdenden Begriff der Zivilisatose gehören solche Teufelskreise, und derer gibt es immer mehr. Nahrungszusätze, wie Farb- und Geschmacksstoffe, Säuerungs- und Konservierungsmittel, Geschmacksverstärker, Pharmaka, Pestizide, Abgase, Waschmittel und Körperpflegeprodukte und deren Rückstände, belasten einerseits unseren lebendigen Organismus und andererseits den der Erde – und das mehr, als wir wahrhaben wollen.

Ohne Wasser keine Fettverbrennung

In jeder Zelle sind viele Tausende von Ribosomen (Körperchen im Zellinneren) mit der Eiweißproduktion beschäftigt. Dabei wird ständig Energie verbraucht. Bei einem gesunden Wasserhaushalt der Zelle wird diese Energie aus Fettzellen angezogen. Nur wasserreiche Zellen können Fett verbrennen, das bedeutet, dass man durch wasserreiche Ernährung (Obst und Gemüse für die Mineralien, Wasser als Katalysator) das Schlank-bleiben beziehungsweise das Abnehmen bei Übergewicht ermöglicht. Bewegung und individueller Sport sollen dabei wegen der Sauerstoffaufnahme und der Muskeltätigkeit nicht außer Acht bleiben.

Wasser als einfachste Medizin

Wasser ist die einfachste Medizin, ja es ist sogar eine Unersetzbare. Die Dehydrierung ist ein großes und vielschichtiges Thema im Menschsein und ist die Wurzel sehr vieler körperlicher Krankheiten. Dehydration bedeutet zu wenig Wasser in den Zellen, im Blut und im gesamten Stoffwechsel. Wasser ist meistens im Überfluss vorhanden, aber wir sind kurz vor dem Verdursten und kommen aus dem Mangel kaum heraus. Durstsignale des Körpers werden oft falsch übersetzt und mit Getränken wie Kaffee, Bier und Cola *gestillt*. Viele Menschen trinken zu wenig, sei es, dass sie einfach keine Durstgefühle haben oder weil sie es in der Hektik des Alltags vergessen.

Der iranische Arzt Dr. Fereydoon Batmanghelidj erkannte den medizinischen Wert von Wasser in besonderem Maß und verfasste mittlerweile mehrere Bücher (Literaturliste) darüber. Im Rahmen der Revolution kam er 1979 in ein iranisches Gefängnis. Bis zur angekündigten Vollstreckung seines Todesurteils arbeitete er als Arzt und konnte in Ermangelung von Medikamenten den Gefängnisinsassen, die unter Magengeschwüren litten, mit Wasser die Schmerzen nehmen. Bei heftigen Schmerzen ließ er sie zwei Glas Wasser trinken und konnte beobachten, dass sie innerhalb von acht Minuten verschwanden. Die nächsten Monate beschäftigte er sich intensiv mit der Erforschung der medizinischen Wirkung von Wasser zur Stressreduktion. Er behandelte stressbedingte Beschwerden im Gefängnis, einem fast idealen „Stresslabor", erfolgreich mit einfachem Leitungswasser. Seine Hinrichtung wurde von der iranischen Regierung wegen seiner Verdienste aufgehoben, und er arbeitet heute in den USA an weiteren Forschungen zur Aufgabe von Wasser im menschlichen Körper.

Wasser ist die preisgünstigste Medizin für einen dehydrierten Körper. So wie eine Dehydrierung garantiert die heute am meisten verbreiteten Krankheiten nach sich zieht, so verhindert eine regelmäßige, ausreichende Wasseraufnahme den Ausbruch der in unserer modernen Gesellschaft gefürchteten Krankheiten. Leider ist es noch immer so, dass manche Menschen ganz erstaunt meinen, zwei oder drei Wassergläser könnten doch die Gesundheit nicht wiederherstellen. „Durch logische Argumente kann die falsche Meinung eines Menschen, die er niemals durch logisches Argumentieren gewonnen hat, nicht korrigiert werden" – lehrte der englische Philosoph Bacon.

Ein absolutes Minimum von sechs bis acht Gläsern Wasser (Inhalt etwa ein Viertelliter) schlägt dieser Arzt täglich vor, am besten zu folgenden Zeiten: Ein Glas eine halbe Stunde vor der Nahrungsaufnahme und etwa die gleiche Menge zweieinhalb Stunden danach. Zwei weitere Gläser im Zusammenhang mit der gehaltvollsten Mahlzeit und vor dem Schlafengehen. Menschen mit einem labilen Kreislauf und einem belasteten Herzen sollen sehr langsam steigernd zu diesen Mengen finden. Was spräche dagegen, dies einmal auszuprobieren?

In der ayurvedischen Heißwasser-Kur ist man davon überzeugt, die grundlegende Reinigungskraft des Wassers durch Kochen erhöhen zu können. Dazu soll das Wasser mindestens zwanzig Minuten köcheln. Ein derart abgekochtes Wasser ist dann natürlich einwandfrei desinfiziert. Hygienisch verdorbenes Wasser war immer schon eines der größten Gesundheitsprobleme in heißen Ländern. In Entwicklungsländern und in den Tropen ist Wasser gerade durch mangelnde Hygienevorkehrungen oft ein Reservoir für Krankheitserreger. In einer ayurvedischen Kur wird mindestens eine Tasse des besonders abgekochten Wassers morgens als Erstes getrunken, den Rest eines Liters solchen Wassers dann über den Tag verteilt.

Behandlungen mit Wasser

An dieser Stelle könnte man unzählige Behandlungen im und mit Wasser nennen, angefangen von kalten und warmen Kneippschen-Güssen, Umschlägen mit speziellen Heilwässern, Shiatsu-Behandlungen im warmen Wasser und sonstigen Wasser-Kuren. Wer kennt nicht das wohltuende Bad im Meer oder das Gefühl am Morgen, wenn in der Dusche das warme (oder auch kalte) Wasser fließt und vom Kopf herunter über das Gesicht, über den ganzen Körper bis zu den Füßen hin abläuft und den Schlaf wegspült? Die Wellness-Center mit ihren verlockenden Entspannungsbädern – einschließlich ihrer Anti-Aging-Kuren – schießen wie Pilze aus dem Boden. Es scheint Bedarf vorhanden zu sein.

Von der trendigen Aquafitness-Gymnastik bis hin zum Joggen im brusthohen Wasserbecken benutzt man einerseits die Schwerelosigkeit des Wassers (die Übungen laufen eher wie im Zeitlupentempo ab) sowie den Umstand, dass man Muskelkraft gegen den Wasserwiderstand mobilisieren muss, und der ist um ein zigfaches höher als der Widerstand der Luft.

Wie erfrischend, nicht nur körperlich, ist es, an einem Wasserfall zu stehen, hinzuschauen, zu atmen und diese Kraft bewusst aufzunehmen. Man kann sich vorstellen, wie dieser Wasserfall durch einen hindurch rauscht, ohne sich dabei zu verlieren. Wie klärend für die Gedanken kann ein Spaziergang entlang eines Wald- oder Gebirgsbaches sein, oder an seiner Quelle anzukommen, um so gewissermaßen die Geburt von Wasser zu erleben, zum Ursprung zurückgefunden zu haben. Wasser reinigt – die Außenwelt und gleichermaßen auch das Innenleben.

Bewusstes Hinausschleusen

Wir können viel tun, um Wasser in uns aufzunehmen, und dieser Weg funktioniert auch in die andere Richtung. Wir können dem Wasser, das uns verlässt, auch bewusst etwas mitgeben, etwas hinausschleusen. Wasser verlässt uns in Form von Urin, über Schweiß und über ausgeatmete Luft.

Alles, was in unserer Leber wasserlöslich gemacht wurde, gelangt über den Blutkreislauf in die Nieren. Dort wird es in einer ersten Instanz unter einem bestimmten Druck gefiltert und in einer zweiten werden in vielen Kilometern Nierenkanälchen Stoffe gezielt dem sich so bildenden Urin zur Ausscheidung mitgegeben. Eine phantastische Einrichtung vom Körper. Mit unserem Bewusstsein unterstützen wir unsere Nierenfunktion, wenn wir das „Loslassen an sich" aktivieren; denn meistens leben wir eher das Sammlerverhalten als das großzügige Spendertum. Keine Angst, der Körper weiß in seiner Zentrale sehr gut, dass er nichts Lebensnotwendiges abgibt ohne mehrmals nachzuhaken: „Willst du dieses oder jenes tatsächlich loswerden? Brauchen wir das wirklich nicht mehr?"

Eine andere Variante des Wasser-Abgebens ist passives Schwitzen in der Sauna oder aktives Schwitzen, zum Beispiel während des Walkens oder Joggens. Womöglich ist der Schweiß die einzige Möglichkeit des Körpers, komplex gebundene Schwermetallverbindungen auszuschleusen. Die Porengröße der Haut ist größer als der Querschnitt der Nierenkanälchen, dennoch hat die Naturwissenschaft uns noch keinen Ausscheidungsweg erklären können, wie denn die mit Selen gebundenen Quecksilberteilchen, die eine sehr große Verbindung bilden, wieder aus dem Körper herausfinden. Unterschätzen wir nicht diesen Aspekt, dass die in uns ausgesprochene Erlaubnis des Loslassens wie eine Welle wirken kann. Das Ja des Bewusstseins ist eine wundervolle Kraft.

Der Atem ist ein weiterer Weg des Abgebens und Loslassens. Mit dem Ausatmen sprechen wir. Es liegt nahe, mit der feuchten, von uns gewärmten Luft etwas hinaustragen zu lassen. Ich weiß, dass sich das jetzt so leicht liest. Es erfordert aber unsere innere Vorstellung, damit das möglich ist und wir es wollen, indem wir innerlich dazu Ja sagen können. Das ist ein innerer Vorgang, den uns niemand abnehmen kann und auch nicht darf. Es ist einfach nur ein Geschenk, es liegt vor uns, wir *könnten* es annehmen.

Wasser – die Wiege des Lebendigen

Ohne Wasser gibt es kein Leben, keine Existenz. Es ist das Lebenselexier und ein Fitmacher im und für das Leben. Wenn es um die Entwicklung von neuem Leben geht, ist die Natur dem Wasser treu geblieben. Wir beginnen als Mensch im so genannten Fruchtwasser; und selbst in diesem Milieu des Fruchtwassers durchlaufen wir noch einmal alle Stadien, welche die Natur vor Urzeiten als Blaupause für entstehendes Leben gegeben und durchlebt hat. Der Mensch entwickelt sich in den rund vierzig Wochen, das sind zweihundertachtzig Tage, vom Einzeller zum formlosen Zellhaufen, über die primitive Kaulquappenform zum Fisch mit Kiemen. Erst anschließend entwickeln sich nach und nach die Organe.

Solche komplexe, sich selbst organisierenden, anpassungsfähigen Systeme, wie sie dann der Mensch darstellt, können sich überhaupt nur dank der außergewöhnlichen Eigenschaften des Wassers entwickeln. Dazu gehört zum Beispiel auch die Fähigkeit des Wassers, Extreme abzumildern. Wasser harmonisiert immer wieder Extremsituationen, weil es unter anderem Wärme aufnehmen kann wie kein anderer Stoff in der Natur. Wasser puffert entstehende Wärme, wie sie durch sportliche Muskelarbeit oder Fieber produziert wird, ab. So transportiert Schweiß die Wärme und reguliert damit innere Systeme.

Wasser ist ein Element, das sehr mit Gefühlen verbunden ist. Denken wir an das Salzwasser unserer Augen, unsere Tränen, die bei Traurigkeit, Schmerz oder auch in Freude fließen. Manchmal weichen Tränen, geistig gesehen, Verkrustungen am Herzen auf. Auch dieses Fließen löst einen Gefühlsstau und wirkt reinigend und ausgleichend. In unserer Welt des Rationalen, des Erfolges und des harten Konkurrenzkampfes werden Gefühle kaum mehr gezeigt. Sie sind dennoch da, wenn auch unterdrückt. Auch unser Gefühlsleben kann „verschmutzt", weil gestaut sein, weil es sich über Emotionen, welcher Art auch immer, nicht mehr reinigen kann. Da wir ein untrennbarer Teil der Erde sind, sind auch die vergleichbaren Erscheinungen der Erde verschmutzt, nämlich unser Regen, die Flüsse, Seen und zunehmend auch die Meere und Ozeane.

Kapitel 6

Wasser und Frequenzen

Es ist sehr hart, auf einer Matratze festgenagelt zu sein,
wenn alle Welt auf den Beinen ist
und alle Dinge im Fluss sind.

Heinrich Heine

Immer wieder fallen im Zusammenhang mit Wasser Begriffe wie Energien, Schwingungen und Frequenzen. Der Physiker Albert Einstein war einer der ersten Wissenschaftler, der sagte, dass Materie nichts anderes sei als verdichtete Energie und im Prinzip alles, was existiert, aus Energie bestehe – Energie in den spezifischen Ausdrucksformen. Biophotonen sind praktisch die kleinsten Einheiten der Energie-Pakete.

Schwingung, Frequenz, Resonanz

Elektromagnetische Schwingungen breiten sich in Wellen aus Berg- und Tallinien aus. Eine Wellenlänge gibt den Abstand zwischen zwei benachbarten gleichen Schwingungszuständen an, also die Länge, bis sich Berg- und Tallinie wiederholen. Als Frequenz bezeichnet man die Anzahl der Schwingungen pro Zeiteinheit. Hertz, der Entdecker der elektromagnetischen Wellen, deklarierte ein Hertz als eine

Schwingung pro Sekunde. Unser gewöhnlicher Wechselstrom hat zum Beispiel fünfzig Hertz. Das sichtbare Licht von Violett bis Rot misst einen kleinen Frequenzbereich bei 10^{14} Hertz. Je größer die Wellenlänge ist, desto kleiner ist die Frequenz und umgekehrt.

Auch in unserem Körper kennen wir Frequenzen. Es gibt die Pulsfrequenz, ein Maß für unsere Herztätigkeit, oder die Atemfrequenz. Unsere Organe und Gewebe, ja selbst die einzelnen Körperzellen schwingen und haben ihre spezifischen Wellenlängen und Frequenzen. Mit geeigneten sehr feinen Messinstrumenten können diese Frequenzen aufgezeichnet und erforscht werden. Bei Erkrankungen verändern sich die biochemischen und die organisch-physiologischen Vorgänge und damit auch die ursprünglichen gesunden Frequenzmuster.

Mit dem EKG, dem Elektrokardiogramm, welches das Herzmuster zeigt, und dem EEG, dem Elektroencephalogramm, welches die Gehirnstrommuster wiedergibt, betritt man mit kleinen Schritten dieses noch in vielen Anteilen ausbaufähige Gebiet der Körperfrequenz-Messungen. Selbst mit Biophotonenmessungen, mit Elektro-Akupunkturmessungen und Kernspinresonanzmethoden ist man erst am Anfang einer Epoche, die mehr und mehr Fragen aufkommen lässt. Das vollkommenste Messinstrument ist und bleibt wohl unser menschlicher Körper selbst. Er erkennt oder besser erspürt, was ein harmonisierender oder disharmonischer Reiz für ihn ist. Unser intelligenter Organismus erkennt ja auch den Unterschied zwischen natürlichem Vitamin C und im Labor künstlich hergestelltem. Zu vermuten ist, dass Letzteres ein anderes Schwingungsgefüge besitzt und deshalb mit dem Körper eine andere Resonanz als das natürliche provoziert.

Der Wasserforscher Wolfgang Ludwig untersuchte verschiedenste Wasserproben mit Infrarotmessungen und stellte bei normalem Leitungswasser Diagramme mit minimalem Ausschlag fest, während bei Wasserproben aus dem französischen Wallfahrtsort Lourdes oder auch bei Proben von anderen speziellen Orten äußerst starke Ausschläge in verschiedenen Frequenzbereichen zu sehen waren. Wenn Resonanz zu allen sieben Grundfrequenzen unseres sichtbaren Lichtes bestand, nannte er sie *Lichtwässer.* Die Biologin Enza Ciccolo hatte mit ihren Erfahrungen den Weg zu den Lichtwässern vorbereitet.

Die Resonanz lebender Gewebe mit den Lichtfrequenzen ist dabei das Wesentlichste. Erstaunlich war auch die Entdeckung, dass diese Lichtwässer unter Beachtung bestimmter Bedingungen unendlich reproduzierbar sind. Vermischt man sie miteinander, sind die Lichtfrequenzen nicht mehr nachweisbar. Nur die Wasser, die auf das gesamte Lichtspektrum resonant sind, erwiesen sich als reproduzierbar.

Die Lichtwässer sind in der Natur vorkommende, ohne Beeinflussung durch Menschenhand vorhandene Heilmittel. Die Ausrichtung ihrer Wirkung geht von der Energie-Ebene zur Materie, während die Bach-Blütenessenzen oder die homöopathischen Mittel (von Menschenhand zubereitet) eher eine *Verdünnung und Dynamisierung* von Materie sind, ihre Wirkungsrichtung also umgekehrt der

Lichtwässer ist – verschiedene Ansätze und Ausrichtungen zu einem Ziel hin. Um diese heilenden Resonanzphänomene begreiflicher zu machen, helfen vielleicht ein paar Erläuterungen.

Das Stimmgabel-Phänomen

Erinnern wir uns an unseren Physik-Unterricht: Wenn eine Stimmgabel angeschlagen wird und ihr Ton sich im Umfeld ausbreitet, wird eine zweite Stimmgabel, die weder selbst angeschlagen wurde noch in einem direkten Kontakt mit der ersten steht, ebenso anfangen zu schwingen und im gleichen Ton erklingen.

Wenn die erste Stimmgabel auf ein hohes C gestimmt ist und die zweite auf ein A, wird nichts passieren. Ihre Frequenzen sind zu unterschiedlich. Wenn beide auf C gestimmt sind und eine davon erklingt, wird die zweite einstimmen. Dieses Phänomen nennt man Resonanz.

Diese Art von Resonanz ist aber nicht nur in der Musik von Bedeutung, sondern wir finden sie in vielen alltäglichen Bereichen wieder. Eine ständig gleichbleibende Vibration einer Unwucht kann Fundamente zum Bersten bringen. Bezogen auf die Wasserforschungen heißt das: Durch Resonanzen können die Wasserstoffbrückenbindungen der Cluster-Gebilde zerrissen werden. Schwingungen und Frequenzen wirken auf das Wasser in aufbauender oder auch zerstörender Art.

Auf den menschlichen Körper bezogen, im Sinne von Heilung, könnte das bedeuten, dass wir mit „gut informiertem" Wasser ähnlich einem Souffleur dem Zellwasser die heilsame Frequenz suggerieren können. Das Organ oder das Gewebe könnte sich auf seine ursprüngliche gesunde Wellenlänge und Frequenz besinnen und seinen biochemisch-physiologischen Funktionsmodus wieder aufnehmen. Das wäre eine wundervolle *Medizin* ohne unerwünschte Nebenwirkungen.

Es gibt hörbare und unhörbare Klänge. Komponisten beschreiben, dass sie ihre Musik schon beim Niederschreiben hören können, noch bevor sie in Wirklichkeit erklingt. Delphine, Fledermäuse, ja selbst Hunde können Tonfrequenzen hören, die das menschliche Ohr (und Hörgehirn) nicht erfassen kann. Klang und Ton definieren sich nicht durch das Hören, sondern dadurch, dass ihre Frequenzen in ganzzahligen, harmonischen Proportionen schwingen.

Nada Brahma – alles schwingt. „All-Ein-Sein" heißt, eins zu sein mit dem All. Die Schwingungen des Alls wahrzunehmen und sich auf diese Schwingungen einzustimmen, heißt, sein Leben oder einfach sich selbst mit dem All in Einklang zu bringen. Ist die Person (*per-sonare* bedeutet hindurchtönen) im Einklang mit dem Kosmos, so schwingt der Kosmos in ihr. Der Kosmos ist *per-sona* – und als menschliches Wesen sind wir irgendwo auf irgendeinem Teil des Lebensweges.

Vielerlei Forschungen beschäftigen sich mit der harmonischen Resonanz. Ein geschultes Ohr hört, ob ein Musikinstrument richtig gestimmt ist. Auf einem Klavier gibt es zum Beispiel mehrere Tasten, die ein C anstimmen. Das tiefe C liegt eine Oktave tiefer als das hohe C, und das wiederum eine Oktave tiefer als das nächsthöhere C. Wenn ein C davon erklingt, schwingen auch die anderen (nicht-angeschlagenen) mit – das sind eindeutig Resonanz-Phänomene. Diese Erkenntnisse sind auf feste und flüssige Körper übertragbar – und wir sind mit etwa fünfundsiebzig Prozent Wasser ein flüssiger Körper. Der Physiker Howard Witten beschrieb mit seiner Theorie der „Super Strings" das Universum als ein riesiges Musikinstrument, in dem die Saiten verschiedenste Harmonie-Prinzipien ausdrücken.

Alles, was ist, alle Elementarteilchen, sind so genannte Strings, eine Art schwingende Saite (englisch: *string*). Es gibt also keine punktuelle Masse, sondern winzige, schwingende, geschlossene oder auch offene Fäden. Am ehesten sind sie vielleicht vorstellbar als schwingende Gitarren- oder Klavier-Saiten. Solche verschiedenen Schwingungszustände der Strings können gleichzeitig am gleichen Ort sein. Es gibt kein *entweder oder* mehr, sondern nur noch ein *sowohl als auch.* Alles geschieht gleichzeitig. Solche überlappenden Schwingungsschlaufen bilden Atome, diese wiederum Moleküle, bis hinein in die „vermeintlich dichte" Materie. Die Schwingungsmuster dieser Strings bestimmen die Beschaffenheit unserer Materie, unseres Körpers. Es gibt nichts, was nicht aus diesen Energiefäden besteht. Es gibt nichts Materielles, was nicht aus Energie und Schwingung besteht.

Chladnische Klangfiguren

Zur Zeit Goethes lebte ein Naturforscher namens Ernst F.F. Chladni (1756-1827). Dieser kam auf die Idee, mit feinem Sand bestreute Glasplatten mittels eines Geigenbogens zum Schwingen zu bringen. So entstanden die Chladnischen Klangfiguren.

In den sechziger und siebziger Jahren des 20. Jahrhunderts erweiterte der Schweizer Arzt und Maler Hans Jenny (1904-1972) diese Idee mit neuen Versuchsanordnungen auf schwingende, flüssige Medien und ließ faszinierende Bilder von Klangformen sichtbar werden. Unter dem Namen Kymatik (griechisch *kyma*: die Welle) hat er diese in vielen Büchern, in eindrucksvollen Fotos und in Filmen dokumentiert.

Laute, Klänge, Töne durchdringen vibrierend jeden Raum, jedes Sein. Ein Satz von Rainer Maria Rilke lautet: „Gesang ist Dasein – *da-sein,* wer nicht singt, ist noch nicht da – kommt noch." Wenn die Töne einer Frequenz von eintausend Hertz auf eine Wasserfläche gegeben und mittels einer speziellen Beleuchtung fotografiert werden, zeigt sich ein anderes Wasser-Schwingungsbild als bei siebenhundert Hertz oder bei vierzehnhundert Hertz.

Wie sieht das analog in unseren Körpern aus, wenn Musik in ihren unterschiedlichen Frequenzen schwingt? Klang und seine gestaltenden Kräfte, Resonanz und schwingende Klangkörper – alles ist schwingendes Leben. Natürlich sind bei diesen Betrachtungen des Klangs Periodizität und Rhythmik wesentliche Faktoren – Momente der Wiederholung in der Zeit. Wiederholung bedeutet nichts anderes, als dass in Richtung Zukunft immer wieder auf etwas schon Vergangenes zurückgegriffen wird. Etwas wird wieder aufgenommen und erneut in den Prozess eingegeben. Es geschieht eine ständige Vermittlung von Vergangenem und Zukünftigem.

Die Intensität von Schallwellen hängt vom Ausmaß der Luftverdichtung ab. Unser Körper mit seinen Häuten, verschiedenste Gewebearten voller Hohlräume wechselnd mit dichten Strukturen, leitet Resonanzen unterschiedlich weiter. Erinnern wir uns, wie ein Holzinstrument als Klangkörper reagiert oder wie das Fell einer Trommel nachschwingt, während bei einem Blasinstrument aus Metall der beständige Luftstrom den Ton formt. So wie der Luftstrom des Ausatmens unsere Stimmbänder vibrieren und unsere Worte oder eine Melodie entstehen lässt.

Der Ton in seiner schwingenden Doppelbewegung bindet die zwei auseinanderliegenden Zeiten von Vergangenheit und Zukunft aneinander und verbindet sie zur *ursprünglichen* Einheit – zur klingenden Gegenwart. „Als Wesen waren die großen Ahnen unermessliche und ungebundene, immaterielle, vibrierende Substanz, ähnlich den Energiefeldern. Sie erschufen, indem sie aus sich selber Vibrationsenergie zogen und diese Energie verfestigten und indem sie sie definierten und benannten – der innere Name ist das Potenzial der Form oder des Geschöpfes. Die vergleichbare Vorstellung ist das Hervorbringen von Tönen, Wörtern oder Liedern aus den Atemschwingungen. Die Aborigines sagen denn auch, dass in der Traumzeit-Schöpfung die Welt ins Leben *gesungen* wurde."(5)

Von lebensspendenden Kräften jener gesungenen Schwingungen erzählt auch Clarissa P. Estés in ihrer Geschichte von der *Wolfsfrau.* Es gäbe eine alte Frau, die an einem verborgenen Ort lebte, den alle kennen würden, der aber nur wenigen Menschen zugänglich wäre. Diese seltsame, weil ungewöhnliche Alte sei ständig unterwegs durch ausgetrocknete Flussbetten und alle möglichen Bergkämme, nach Gebeinen toter Tiere suchend. Am Liebsten sammelte sie Knochen verstorbener Wölfe, denn ihnen galt ihre tiefste Liebe. Und wenn sie dann ein vollständiges Skelett zusammengetragen hatte, wenn auch der letzte Rückenwirbel sich am rechten Platz befand und das Wolfsgerippe schön säuberlich geordnet vor ihr im harten Wüstensand lag, dann... ja dann ließ sie ihre faltigen Hände darüber schweben und sang. Sie ließ ihren Gesang so lange ertönen, der ihr für diese Kreatur, ganz allein für diese eine eingegeben wurde, bis allmählich der Wolf mit Fleisch und Blut und Atem zum Leben erwachte, seine gelben Augen öffnete, aufsprang und in den Canyon davonraste.

Welche Kräfte mobilisiert ein Mensch, wenn er mit einer Absicht oder einfach freudvoll singt, beziehungsweise wenn Menschen gemeinsam Gebete singen? Welche schöpferischen Potenziale schlummern im Menschen, wenn er die Kräfte schwingender Töne nutzt? *Nada brahma* – alles klingt und schwingt, erklärte Joachim-Ernst Berendt. Er war davon überzeugt, dass die Kraft der Töne/Worte auf den Menschen, ja auf alles in der Schöpfung wirkt. Die Klangfrequenzen der Worte und der Melodien bewirken Resonanzen nicht nur in unserem wasserreichen Gehirn – sondern in allem.

Das Geheimnis des Lächelns

Nicht nur gesungene oder gesprochene Worte sind Schwingungsfrequenzen, selbst unsere Gedanken sind es. Die Wissenschaftler der modernen Gehirnforschung können uns mittels ihrer Aufzeichnungen zeigen, wie stark Gemütsstimmungen die Frequenzen und den Wellencharakter der Gehirnströme verändern. Euphorische Momente des Glücks verstärken unsere Gehirnfrequenzen augenblicklich, während schlechte Laune regelrecht die grauen Zellen unseres Großhirns abtötet und damit den Wellencharakter verlangsamt.

Glück ist Lebendigkeit und fördert das Lernen. Wenn wir in einer Stimmung sind, in der wir die ganze Welt umarmen könnten, öffnen wir uns unerschöpflichen kreativen Kräften. Neurologen konnten bestätigen, dass messbare Muskelspannungen im Gehirn neue Areale aktivierten, wenn wir lächelten. Allein diese Muskeltätigkeit des Gesichts hat solche Auswirkungen – darin liegt das Geheimnis des Lächelns. Es öffnet Tür und Tor zu inneren Kräften. Positive Gefühle sagen uns, was wir tun sollen, negative Gefühle, was wir lassen sollen.

In der Kontrolle der negativen Emotionen liegt eines der Geheimnisse des Glücks – für die Aktivierung unserer Gehirnfrequenz. Das Glück ist trainierbar – es ist lernbar, die positiven Emotionen zu kultivieren und negative im Zaume zu halten. Es lassen sich Areale im Großhirn neu verdrahten, wenn wir gute Gewohnheiten in uns verankern und uns vom „Flow“, der Welle der Begeisterung, mitreißen lassen.

Wir können *fühlen*, wenn wir auf diesem Flow, dieser Welle des Glücks oder guten Gelingens reiten. Wir haben keine speziellen Sinnesorgane dafür, trotzdem spüren wir es, wenn unsere inneren Frequenzen schneller schwingen. Unsere Ohren sind die Sinnesorgane, die Schall, Töne oder Klang hören. Die Augen melden uns das sichtbare Licht im spezifischen Schwingungsbereich. Eine interessante Tabelle zeigt alle Schwingungsphänomene auf, die ich hier nur anteilig wiedergebe.

Zeitliche Rhythmen und Perioden in unserem Kosmos mit der jeweiligen Schwingungsdauer: (6)

Sekunden	Phänomen
10^{15}	Erdenalter, Paläozoikum, Mesozoikum
10^{12} (Terra)	Eiszeit
10^{9} (Giga)	Menschenleben
10^{4} (Mega)	Jahr/Monat/Woche/Tag/Stunde/Minute
10	Atemrhythmus/ Herzrhythmus/ Gehirnrhythmen/tiefe Töne
10^{-3} (Milli)	mittlere bis hohe Töne
10^{-6} (Mikro)	Mittelwelle/Fernsehen/UKW
10^{-9} (Nano)	Radar/Mikrowellen
10^{-12} (Pico)	Wärmestrahlung/Infrarot
10^{-15} (Femto)	sichtbares Licht/UV-Strahlung
10^{-18} (Atto)	Röntgenstrahlung/ Neutronenumlaufzeiten

Welche Schwingungsverhältnisse wirken in unseren Organen und innerhalb der Zellen? Irgendwann einmal wird man auch das sichtbar machen können. Das Ausmaß der Luftverdichtung beeinflusst die Schallwellen. Das Fließvermögen des Blutes, die Ablagerungen an den Gefäßwänden sowie verspannte und verhärtete Muskeln beeinflussen die Schwingungsfrequenzen innerhalb des Körpers wesentlich. Es ist ein sehr interessantes und noch ausbaufähiges Forschungsfeld, was unsere Frequenzen hindert und welches Glücksmoment sie fördert.

Kapitel 7

Wasserkristalle – das Gesicht des Wassers

Wenn deine Einsicht meiner Lehre widerspricht,
so sollst du deiner Einsicht folgen.
Buddha

Die Kristallstrukturen des Wassers

Außer der lebensspendenden und lebensunterhaltenden Wirkung hat Wasser noch weitere interessante Eigenschaften, die mit seiner Struktur zusammenhängen. Jeder kennt das Wasser in seiner kristallinen Form, als Eis. Dabei sind die H_2O-Moleküle in eine festen Kristallstruktur eingebunden, in der sie sich nur wenig oder gar nicht bewegen können. Es ist jedoch nur wenig bekannt, dass sich diese Kristallstruktur von den festen Verbindungen, wie wir sie im Eiskristall kennen, erst bei Temperaturen von über sechshundert Grad Celcius völlig löst und wir nur dann absolut flüssiges Wasser vor uns haben.

Das menschliche Leben spielt sich bei etwa 37,5 Grad Celsius ab, das heißt also im Bereich von „weichem Eis", indem es viele Informationen in seinen Cluster-Strukturen trägt. Die innere Wasserstruktur erklärt neben dem Frequenz-bedingten Zusammenhang womöglich auch den Effekt von heil- und wunderwirkenden Quellen. Diesen

Heilwässern wohnt eine spezielle kristalline Struktur inne, die sehr labil sein und durch Erhitzen und andere Einflüsse verändert oder zerstört werden kann.

Diese Wasserstrukturen können auch für unsere Gesundheit große Bedeutung erlangen. Wenn der Körper über lange Zeit ihm nicht entsprechende Informationen erhalten hat, zum Beispiel durch schlechte Ernährung oder einen ungeeigneten Schlaf- oder Arbeitsplatz, dann verfestigt sich diese Information und bleibt im Wasser des Organismus gespeichert. Mit hochkomplizierten Oszilloskopen kann man im Körperwasser sogar die Frequenz eines Computers nachmessen, wenn man nur lange genug davor gesessen hat. Die Information bleibt gespeichert.

Allerdings hat der Körper auch die Fähigkeit, negative Informationsstrukturen zu neutralisieren. Da die Wasserstrukturen bei Temperaturen über 37,5 Grad Celsius aufbrechen, reicht es aus, seine Eigentemperatur zu erhöhen. Es kann also auch aus diesem Aspekt heraus gesund sein, Fieber zu haben. Fieber ist in diesem Sinne ein Ordnungselement und gibt dem Organismus die Möglichkeit, alte unzuträgliche Cluster-Strukturen zu ändern und sich neu zu ordnen.

Die Botschaft des Wassers

Vor einigen Jahren erschienen die faszinierenden Forschungsergebnisse des Japaners Masaru Emoto über „Die Botschaft des Wassers“. In diesem Buch beschreibt Masaru Emoto seinen Weg zum Sichtbarmachen von Krafteinwirkungen und Veränderungen auf die Strukturen des Wassers. Er untersuchte lange Jahre die unterschiedlichen Wasserqualitäten japanischer Städte, Seen und Flüsse. Seinem Auftrag gemäß wollte er das ursprüngliche Heilsein des Wassers nachweisen. Zusammen mit Lee H. Lorenzen war er sicher, dass die Physis des Menschen durch Wasser verbessert werden könne – und er wollte genau das sichtbar machen. Er war zutiefst davon überzeugt, dass Wasser und – wie er es seiner Sprache nannte – HADO miteinander wirkten. HADO ist die mit dem Bewusstsein verknüpfte Welt der feinstofflichen Energien, synonym zu der Urkraft Chi. Die Botschaft des Wassers legt uns nach Masaru Emoto nahe, *uns zuerst mit uns selbst zu beschäftigen.*

An einem Tag des Jahres 1994 hatte er die Idee, einer sauberen, reinen, vor sich hin sprudelnden Quelle eine Wasserprobe zu entnehmen. Er fror die Reagenzgläschen ein, schnitt dann das zu Eis gefrorene Wasser in dünne Scheibchen und sah sich das Ganze unter seinem Mikroskop an. Um alles festzuhalten, machte er von diesen Ergebnissen mittels einer speziellen Apparatur Fotos. Er sah Kristalle. Vollendete Kristallstrukturen in wundervoller Schönheit, von Licht erfüllt und in vollkommener Ordnung.

Der Wasserkristall ist das Gesicht des Wassers

Überraschend war, dass keine zwei Kristalle einander gleich waren – so wie es keine genau gleichen Schneekristalle und keine genau gleichen Menschen gibt. Dennoch wiesen die Kristall-Bilder gewisse charakteristische Tendenzen auf, die man Kristallgitter nennt. Je nach Ausbildung der einzelnen Kristallstrukturen war es dennoch immer die gleiche Grundstruktur eines hexagonalen, das heißt sechsstrahligen Sternbildes. Diese Bilder, die *Gesichter des Wassers,* waren für Masaru Emoto derart wunderbar, dass er sie mit der ganzen Welt teilen wollte, und so veröffentlichte er seine Erfahrungen.

Als er das Gleiche daraufhin mit dem Trinkwasser Tokios oder mit Proben anderer belasteter Gewässer wiederholte, erlebte er, dass in diesen Eisscheibchen, je nach Verschmutzungsgrad, entweder überhaupt keine Kristallstrukturen zu sehen waren oder nur sehr viel weniger schöne und unvollkommen entwickelte. Die Schönheit eines Kristalls sagt also offensichtlich etwas über die Qualität des Wassers aus.

Es ist bemerkenswert, dass Emoto und seine Mitarbeiter, welche die Aufnahmen in einem gekühlten Raum von minus fünf Grad anfertigten, wahrnahmen, dass das Wasser ihnen etwas *mitteilen wollte.* Die Gesichter des Wassers wollten sich zeigen, sie spürten deutlich den Ausdruck des Wassers. Da der *Lebensfluss der Menschen* ebenso wenig stabil ist wie der *Fluss des Wassers,* drücken die Bilder der Wasserkristalle die Bedingungen der betreffenden Wasserprobe nur für den Tagesaugenblick aus. Die Essenz des Lebens ist auch hier die Wandlung.

Emoto untersuchte weiter. Er nahm einige von seinen ersten reinen Quellproben und setzte sie im aufgetauten, flüssigen Zustand unterschiedlichen Musikeinwirkungen aus, so zum Beispiel Mozart, Beethoven, Bach, indischen Mantras,

Straßenlärm, Heavy-Metal-Musik und so weiter. Dann fror er diese Proben wieder ein und legte später jene Eisscheibchen unter die Mikroskop-Foto-Einrichtung. Seine Ergebnisse waren verblüffend. Die unterschiedliche Beschallung ließ stark voneinander abweichende Kristallbilder entstehen. Das Mozart-Wasser entwickelte Kristalle unbeschreiblicher Schönheit, die Mantras Kristalle verspielter Leichtigkeit, das Heavy-Metal-Eis bestand aus zerbrochenen Kristallstücken, und der Straßenlärm brachte fast überhaupt keine Kristallbilder hervor.

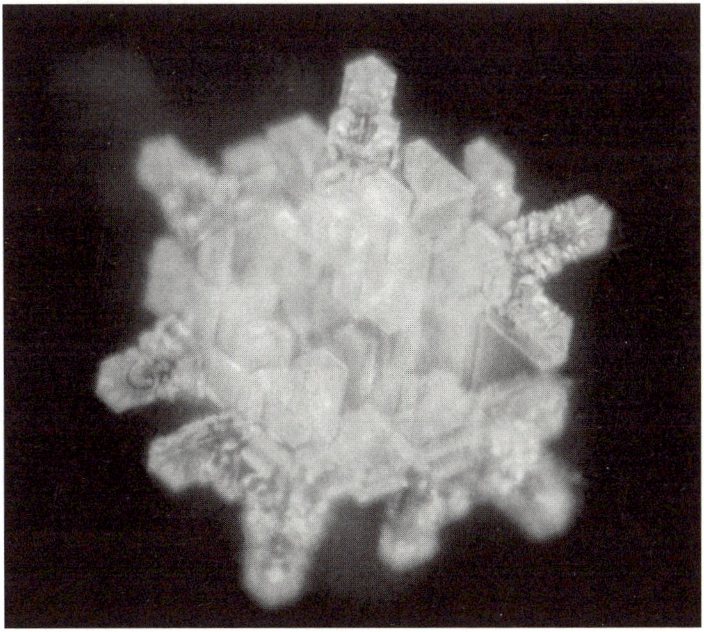

„Tibetisches Sutra". Das Bild eines Kristalles formte sich, nachdem dem Wasser eine CD mit der Filmmusik „Sieben Jahre in Tibet" vorgespielt worden war. (Aus Masaru Emoto, *Die Botschaft des Wassers,* Bd. 1, Koha Verlag)

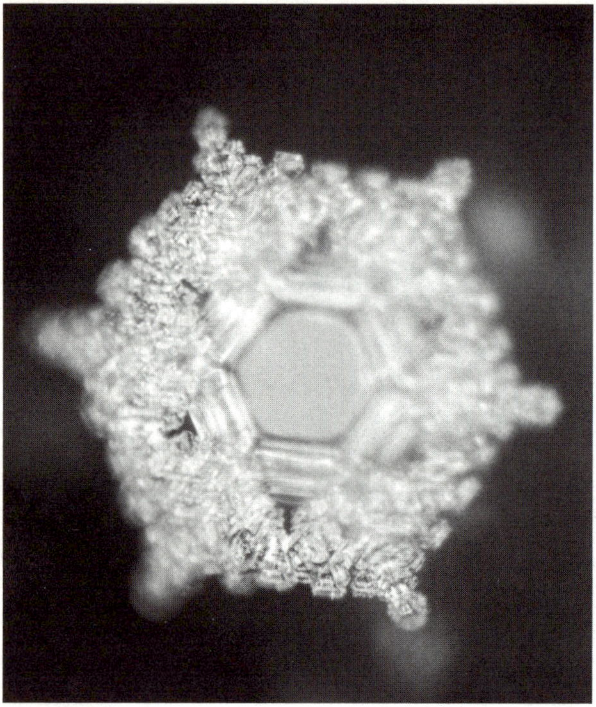

„Liebe / Dankbarkeit".
(Aus Masaru Emoto, *Die Botschaft des Wassers*, Bd. 1, Koha Verlag)

Sein Forschergeist drängte ihn dazu, auch die Kraft des Wortes zu untersuchen. Er schrieb auf ein Blatt Papier das Wort *Sayonara* (Auf Wiedersehen) und auf ein anderes „Liebe" oder auch: „Ich will dich töten". Er ließ Wort und Schriftbild auf reines Wasser einwirken, fror es ein, schnitt es in Scheiben und fotografierte wiederum unterschiedliche Kristallstrukturen. So machte er sichtbar, wie ein in der Welt gedachtes oder gesprochenes Wort wirkte. „Im Anfang war das Wort, und das Wort war bei Gott." Gewinnt dieser Satz nicht eine ganz neue Bedeutung?

Masaru Emoto erschaute die Kraft des Wortes und fotografierte gewissermaßen die Wirkung des Geistes. Er sah, wie unter der Einwirkung des Wortes *Liebe* ein Kreis von tanzenden Kristallen entstand; er erblickte im *Sayonara*-Kristall die heilende und strukturierende Kraft, die in einer freundlichen Verabschiedung ruht. Er schauderte über die geschwürigen, destruktiven Kristallgestalten von „Ich will dich töten" oder von „Dämon". Der geschriebene Name der höchsten Shinto-Gottheit, der japanischen Götter-Mutter, erzeugte ein solch unvergleichlich schönes, vollkommenes Kristallbild, wie es noch nie vorher gesehen wurde. Welche Kräfte schlummern im Feinstofflichen, im Geist der Worte, im Geist des Wassers? Das Gesicht des Wassers, auf dessen Glas für Stunden der Name von Mutter Teresa oder von Adolf Hitler stand, sah ganz unterschiedlich aus. Ein sehr schönes Kristallbild zeigte sich auch aus dem Wasser, dem eine Fotografie eines lachenden Mädchens zugrunde lag.

Das Gedächtnis des Wassers

Lässt sich sagen, das lachende Kindergesicht wirke auf *etwas* im Wasser ein – auf die Moleküle? Nein, denn Wasser besteht auch nach solchen Versuchen aus zwei Anteilen Wasserstoff und einem Anteil Sauerstoff. Es wirkt auch nicht auf den magnetischen Charakter des Wassers, denn auch der verändert sich dadurch nicht. Auf der Ebene der Atome und des messbaren Magnetismus herrschen Gesetzmäßigkeiten, die wissenschaftlich sehr gut erforscht sind. Aber der Raum dazwischen – das ist der noch wenig erforschte Bereich. Weil er unsichtbar oder „ohne Stoff" ist, obliegt er keinen Gesetzmäßigkeiten und wird in der modernen Wissenschaft gerne *Chaos* genannt.

Nach Masaru Emoto ist das der Bereich des HADO, die mit dem Bewusstsein verknüpfte Welt der feinstofflichen Energien. Während die Elektronen in extremer Geschwindigkeit um die Atomkerne kreisen, entsteht eine spezifische Strahlung. Durch die schnellen Bewegungen bilden sich Muster – sind es eben diese Muster, ist es diese Strahlung, die den Unterschied zwischen dem Kinderbild, den Worten oder der Musik ausmachen? Ändert sich jener unsichtbare Anteil zwischen dem stofflich Messbaren entsprechend dem Bewusstsein des Betrachters?

Emotos Forschungsergebnisse können belegen, dass Ausstrahlung und Denken auf Materie wirkt, zumindest auf Aspekte des Wassers – und Wasser ist in allem Leben anwesend. Es könnte nachgewiesen werden, dass das Bewusstsein des Menschen die Materie gestaltet. Masaru Emoto erinnert daher auch an die Stimmgabel-Experimente. Alles wirkt aufeinander ein nach den Prinzipien der Resonanz-Gesetze.

Auch die Ergebnisse von Lee H. Lorenzen tragen zu dem „neuen" Wasserverständnis bei. Er kam über den Wunsch, seiner geliebten Frau in ihrer Krankheit und ihrem Leid zu helfen, auf die Idee, Wasser im Körper auszutauschen. Dabei entstand das so genannte Mikro-Cluster-Wasser. Normalerweise ist Wasser durch den Wasserstoff zu kleinen Partikeln miteinander verbunden, die man Cluster nennt, wie im vorigen Kapitel erklärt. Man kann diese Wassermoleküle ausrichten und verkleinern, so entstehen Micro-Cluster. Diese können im Körper in die entferntesten Winkel vordringen, und ihre Absorptionskraft in den Zellen ist sehr groß. Man nennt solches Wasser, das in der Biologie und in der Landwirtschaft eingesetzt wird, *funktionelles Wasser.* Lorenzen forschte auf Grund seiner und Emotos Ergebnisse weiter, ließ destilliertes Wasser durch einen Laserstrahl laufen und legte spezielle Magnetfelder an. Er entwickelte auch eine Methode, um nur die Information einer Substanz auf Wasser zu übertragen. 1998 wurde in den USA für dieses Wasser, dem eine Information aufgeprägt wurde, ein Patent erteilt.

Wasser trägt die Information und ist gleichzeitig das Transportmittel. Das Gedächtnis des Wassers liegt darin, dass es das Bewusstsein des Menschen spiegelt. Das Gesicht des Wassers ist letztendlich unser eigenes; oder es zeigt das *Gesicht* der Wortqualität von *Dankbarkeit;* oder das Gesicht einer Mozart-Melodie. Das Gedächtnis des Wassers wurzelt im uralten Wissen, das alles in Resonanz miteinander kommuniziert. Es gibt nichts Getrenntes, nichts, was allein in Raum und Zeit existiert.

Die Bilder, die Masaru Emoto aus Wasserproben nach dem Kobe-Erdbeben in Japan erhielt, waren Ausdruck der verzweifelten, verwirrten und leidgeprüften Menschen. Nach drei Monaten hatten sich die Menschen wieder gefangen und arbeiteten am Wiederaufbau, und auch das spiegelte sich im Bewusstsein der Menschen und somit auch in den Wasseraufnahmen.

Masaru Emoto bittet darum, diese geheimnisvollen Aspekte des Wassers als Impuls aufzunehmen und sich damit auseinanderzusetzen, um sie zu verstehen. Indem er seine Erfahrungen und Erkenntnisse mit den Menschen teilte, hob er Wesentliches aus der Tiefe des Wissens (des Wassers) empor und machte es fassbar. Er verwirklichte seine Idee, die HADO-Energie in eine sichtbare Form zu bringen, indem er Wasser als Material und Leinwand einsetzte; denn der Mensch begreift verstärkt über das Sehen.

Wasser ist der Spiegel des Herzens

In Japan gibt es den treffenden Ausspruch: *Wasser ist der Spiegel des Herzens.* Das ist sehr treffend, denn Wasser enthält den göttlichen Funken. Als Masaru Emoto die Schriftzeichen *Liebe* und *Dankbarkeit* auf Wasser übertrug, zeigte das Wasser die schönsten Kristallbilder. Die Reaktion des Wassers ist ein Liebesgeständnis der Natur selbst. Emoto schloss daraus, dass die Lebensphänomene in der Natur auf Liebe und Dankbarkeit beruhen.

Er forschte weiter, warum es Liebe *und* Dankbarkeit waren. Um Energie zu erzeugen, sind zwei Pole erforderlich, das Yin und das Yang, sonst gibt es keine Resonanz. Liebe verkörpert etwas Aktives und entspricht der Sonne. Dankbarkeit dagegen steht für die passive Energieform und entspricht dem Mond-Prinzip. Emoto spürte instinktiv, dass der Wasserstoffanteil des Moleküls Wasser (H_2O) die Dankbarkeit symbolisierte und der feurige Sauerstoffanteil die Liebe. Zuvor vermutete Emoto, dass ein Gleichgewicht nur auf der Basis von eins zu eins bestehen könnte, aber mit der Zeit verstand er, dass, da aktive Energie von Natur aus die Tendenz besitzt, sehr stark zu werden, das Verhältnis eins zu eins keine wirkliche Balance entstehen lässt. Die Wassermoleküle ließen ihn tief verstehen, dass erst, wenn Dankbarkeit doppelt vorhanden ist (H_2), die Liebe eine aktive Form annehmen und wirken kann.

Kapitel 8

Individuelles Heilwasser

Wenn die Seele etwas erfahren möchte,
dann wirft sie ein Bild der Erfahrung vor sich nach außen
und tritt in ihr eigenes Bild ein.

Meister Eckhart

Mit dem *Etwas*-mehr-Wissen vom Wesen des Wassers könnten wir (jeder für sich) uns trauen, es als Medium für uns selbst anzuwenden. Wie sollte man jetzt vorgehen, um für sich selbst oder für einen bestimmten Anlass ein besonderes, weil ganz individuelles Wasser herzustellen? *Unsere Sehnsüchte sind unsere Möglichkeiten,* sie führen uns.

„Das Motiv aller Gedanken und Handlungen ist der Wille", lehrte schon Schopenhauer. Wir werden beim Herstellen eines individuellen Wassers ganz konkret mit der Frage nach unserem Willen konfrontiert. Was will ich wirklich? Was will ich genau für meine Gesundheit? Unser Wille findet seine Ziele in der Selbsterhaltung, in der Steigerung seines Lebensgefühls und seiner Lebensfähigkeit. Was ist, wenn das eintritt, was ich mir wünsche?

Was will ich?

Der Wille ist das Vermögen des Menschen, sich bewusst für oder gegen eine bestimmte Weise des Verhaltens zu entscheiden. Wenn ich es aufgrund meines bisher erworbenen Wissens über Wasser nicht *für möglich halten* kann, werde ich es auch nicht ausprobieren und erforschen „wollen“. Dieses *für möglich halten* ist eine wichtige Etappe in dem Vorgehen. Es hat mit dem Glauben an sich nichts zu tun. Glauben ist das Führwahrhalten einer Mitteilung, die ich jetzt nicht überprüfen kann. Es erfordert eine Bereitschaft, etwas für sich auszuprobieren oder auszuloten. Sonst hindert der Unglaube am Sammeln eigener Erfahrungen.

Ein Wille ist umso freier, je umfassender er vom Nachdenken – sei es im Bösen oder Guten – geleitet wird, und umso unfreier, je weniger dies zutrifft. Willensfreiheit sollte stets mit Verantwortlichkeit einhergehen. Nicht in der Absicht zeigt sich der Wille, sondern der Wille zeigt die Absicht. Ausrichtung und Wille sind ein und dasselbe. Letztendlich *tun wir nichts, was wir wollen – sondern wir wollen, was wir tun!* Wenn unser Wille zum Leben geklärt ist, wer oder was könnte uns daran hindern, Neues oder Heilsames für uns selbst zu erforschen?

Die innere Haltung

Der Entschluss, sein individuelles Heilwasser herzustellen, ist letztlich nur noch eine Begleiterscheinung – ein Kommentar des Bewusstseins zum Ausgang einer inneren Auseinandersetzung, in der die stärkeren Motive siegten. Diese Motive sind durch die eigene Lebensgeschichte und die persönlichen Lebenssituationen bestimmt. Die innere Haltung in diesem Prozess der Entscheidungsfindung ist ein *mentales Ereignis.* Sie wirkt als Willensakt auf das Gehirn ein. Es entsteht eine Empfindung, etwas zu tun, weil es so gewollt wird. Der Willensakt ist der Verursacher der Handlung. Viele der willkürlichen Entscheidungen des Menschen sind zweckgebunden und größtenteils angelernt.

Wir sind nicht nur äußeren Sachzwängen unterlegen! Wenn wir ehrlich mit uns selbst sind, haben wir viele der äußeren Sachzwänge selbst mitkonstruiert. Die innere Haltung ist ein wesentlicher Faktor, denn sie ist Ausdruck unser Schwingung und Frequenz in unserer Aura. Als *„Schöpfer im Geschöpf"* könnten wir uns bezeichnen, wenn wir ein spezielles Wasser für uns zubereiteten.

Die Schritt-für-Schritt-Anleitung

Wie stellt man konkret ein Heilwasser her, nachdem man jetzt genau den Willen und die innere Haltung überprüft hat?

- *Füllen Sie ein Glas Wasser* – oder ein Glaskrug – mit dem Quell- oder Leitungswasser, für das Sie sich entschieden haben.
- *Neutralisieren Sie es* – gerade weil wir wissen, dass Wasser nicht gleich Wasser ist und viele Erinnerungen mit sich tragen kann. Zur Art der Neutralisation sind anschließend differenzierte Möglichkeiten aufgezählt.

- *Geben Sie Ihre Absicht in das so vorbereitete Wasser* – auch dazu anschließend differenzierte Möglichkeiten.
- *Überlassen Sie das Wasser eine Zeit lang der neuen Prägung.*
- *Trinken Sie das Wasser bewusst,* erinnern Sie sich an Ihren Willen, an die neue Information, nehmen Sie es *hinein.*

Ihre innere Haltung beeinflusst selbst von Anbeginn an das Werden des Geschehens, also vom Moment des Einfüllens des Glases oder des Glaskruges an. Die Grundlage Ihres Heilwassers kann ein Quellwasser sein oder Wasser aus Ihrer Hausleitung, das Sie eventuell nach Ihrem Wissen in irgendeiner Weise aufbereitet haben (oder auch nicht). Stellen Sie es auf einen guten Platz. Der Begriff *gut* ist natürlich differenziert zu sehen. Ein guter Platz sollte frei von den vielen möglichen Fremdeinflüssen sein, wie zum Beispiel dem Elektrosmog technischer Geräte oder den bekannten Störfeldern der verschiedensten Arten – eben ein guter Ruheplatz. Es kann auf dem sonnenbeschienenen Fensterbrett sein oder auf einem Kraftplatz irgendwo sonst in der Wohnung. Menschen, die mit dem Pendel, einem Biotensor oder ähnlichen Messinstrumenten vertraut sind, können mit diesen Hilfsmitteln einen geeigneten Ort herausfinden. Je bewusster der Vorgang des Einfüllens, je klarer die innere Haltung und Absicht ist, um so wirkungsvoller wird das Wasser dann beim Trinken oder in anderer Verwendung sein. Die Wirkung beginnt mit der Absicht.

Wege des Neutralisierens

Wie dargelegt, trägt Wasser in seinem Gedächtnis vielerlei Informationen und Erinnerungen. Wenn wir Wasser als individuelles Heilwasser einsetzen wollen, ist es sinnvoll, es zu neutralisieren. Es ist nicht eindeutig zu bestimmen, ob der Begriff *neutralisieren* das trifft, was damit wirklich geschieht. Vielleicht nähern wir uns nur der freien, unbefrachteten, neu tragfähigen Qualität des Wassers, wenn wir es von Altem entlasten – und das funktioniert auf energetische Weise. So wie unsere innere Haltung, unser Wille oder die Absicht sich in der Schwingungsfrequenz unserer Aura spiegeln, wirken sie gleichermaßen auf den Impuls des Neutralisierens in das Schwingungsmuster des Wassers.

Durch den Vorgang der Neutralisation ist das Wasser, stofflich gesehen, nicht anders als vorher. Realität auf feinstofflicher Ebene ist es aber, wie die Erfahrungen mit den Lichtwässern von Gudrun Dalla Via bestätigen, dass vorhandene Mikroorganismen nicht mehr *gefährlich* sind und auch noch messbare Stoffe ihre Aggressivität verlieren.

Zum Neutralisieren bedarf es einer weiteren oder fremden Instanz, die von uns unabhängig ist. Das Segnen ist eines der Instrumente, derer wir uns bedienen können, um eine „andere" Instanz hinzuzunehmen. Was geschieht, wenn wir Wasser segnen, so wie es früher und vielleicht auch jetzt noch in manchen Familien Brauch ist, das Brot vor dem Anschneiden zu segnen?

Das Segnen

Im Segnen begeben wir uns auf die Ebene der schöpferischen Präsenz. Segnen ist nicht heilig, und wir sind nicht heilig, wenn wir segnen. Segen macht heilig! Im Segen wird jenes Gute aus der Fülle des Lebens bewusst hervorgehoben, das dem zu Segnenden von Gott her zukommt. Im Segnen berühren wir unseren schöpferischen Aspekt, den göttlichen Funken in uns.

Das Segnen ist ein Instrument. Wenn wir einen Segen sprechen, geben wir uns damit selbst Bestätigung und Wertschätzung. Segnen fordert unsere Aufmerksamkeit und Präsenz, um eine Energie oder eine Kraft auszurichten. Wir sehen das zu Segnende in der Rückverbindung zum Ursprung (zur Ur-Quelle) und in dem, wofür es jetzt dient. Indem ich das Gute in einem Menschen, in einer Situation oder im Element Wasser anspreche, kommt das Gute zur Geltung, das schon in dem zu Segnenden ist.

Wenn wir Speisen, Brot oder Wasser segnen, dann entfernen wir genau in diesem Augenblick jegliche Schwingung der Negativität. Der Begriff der Negativität ist auch hier differenziert zu sehen; denn es gibt im Prinzip keine negativen Kräfte. Jede Kraft ist sinnvoll, die zur rechten Zeit am rechten Ort wirkt. Zerstörerische Kräfte sind auflösend und können einen Neubeginn veranlassen. Hemmende Kräfte verlangsamen Prozesse und können neu orientierende Impulse ermöglichen, über die wir sonst hinweggeeilt wären.

Im Segnen gibt das *Höchste oder Tiefste in uns* die Energie an das Brot oder das Wasser oder in eine Situation weiter. Wenn uns das Segnen nicht gelingt, wenn wir Hemmungen haben und glauben, nicht segnen zu dürfen, dann mangelt es uns am Vertrauen zu uns selbst. Jeder Mensch ist ein wertvolles Individuum und hat die Erlaubnis, sich des Instruments des Segnens zu bedienen.

Indem wir Wasser segnen, wenden wir ein *Ritual* an. Rituale sind Handlungsabläufe, denen ein ganz spezieller Sinn und eine Absicht zugrunde liegt. Sie geben durch ihren wiederkehrenden Ablauf eine gewisse Ordnung oder Orientierung. Falls wir zum Segnen das christliche Kreuz anwenden, werden wir mit den Händen das gleichschenklige Kreuz über das Wasser zeichnen, während die Worte dazu still gedacht oder laut gesprochen werden. Das Zeichnen eines Symbols mit der Hand und gedachte oder gesprochene Worte gehören zusammen und sind für ihre Wirkung miteinander verbunden.

Es gibt viele Möglichkeiten, sich der schöpferischen Präsenz in irgendeiner anderen Form bewusst zu sein, auch wenn man den Begriff *des Göttlichen* nicht akzeptiert.

- Es könnte der Engel der Reinigung oder ein Lichtwesen der geistigen Welt mit anderem Namen gerufen werden.
- Es könnte goldgelbes Licht visualisiert werden, das reinigend und stärkend alles durchdringt.
- Es könnte das Lächeln Buddhas sein.
- Es könnte ein Mantra sein, wie etwa OM MANI PADME HUM.

Die Reiki-Praxis

Reiki-Praktizierende haben ein weiteres Instrument zur Verfügung, um eine andere (höhere oder tiefere) Instanz mit einzubeziehen. Als Reiki-I-Praktizierender kann man die universelle Lebensenergie in das Glas oder Wassergefäß einwirken lassen, um damit das jetzt Bestmögliche geschehen zu lassen. In Reiki II lernt man unter anderem ein Symbol, dass man mit Achtsamkeit nutzen kann, um die Lebenskraft an einem Ort zu verstärken. Dieses Kraftsymbol ist ebenfalls eine Möglichkeit, Wasser energetisch vorzubereiten und zu neutralisieren.

Neutralisation mit einem Kristall

Edelsteine und Bergkristalle sind von jeher geeignet, ein individuelles Heilwasser herzustellen. Schon Hildegard von Bingen hat Edelsteine über Nacht in Wasser gelegt und dieses dann schluckweise trinken lassen. Außerdem machte sie Umschläge damit. Wir können in das Wasser nach dem Segnen einen Bergkristall legen. Edelsteine löschen energetisch die Informationen von Schadstoffen, ohne sie dabei selbst stofflich zu verändern. Der Kristall ist energetisch reines, klärendes Licht. Seine Information über Reinheit und Ausrichtung durchdringt alles – auf allen Ebenen.

Ich erwähne zur Neutralisation hier nur den Bergkristall, weil in der Anwendung mit Edelsteinen im Wasser die Grenze zur neuen Prägung mit Informationen fließend ist. Man kann hier nicht nur vom Löschen alter Erinnerungen sprechen, sondern muss klar sehen, dass man schon beginnt, das Wasser mit neuer, wunderbarer Information zu beschenken.

Ich vertraue darauf, dass jeder wirklich Suchende seine Variante findet, um Wasser energetisch zu neutralisieren und es ihm gelingt, in der für ihn stimmigen Weise eine Rückverbindung zur Urquelle des Wassers herzustellen.

Das Einbringen neuer Informationen

Das lateinische Verb *informare* meint gestalten oder bilden. Jede Schwingung informiert unseren Körper und jede Materie, so auch das Wasser. Sie durchströmen und durchdringen sich und bilden dabei so genannte stehende Wellen, die sich vibrierend in unterschiedlichen Strukturen, neuen Formen und Mustern zeigen.

Es gibt mehrere Varianten, einem neutralen Wasser neue Informationen oder eine neue Prägung anzubieten:

- *Mittels ausgewählter Edelsteine*
- *Mittels einer Absicht, einem Wort, einem Satz*
- *Mittels schon informiertem Wassers,* etwa aus einer heilsamen Quelle wie Lourdes, einem Edelsteinkonzentrat oder einem anderen Konzentrat
- *Mittels Klang,* zum Beispiel einer Klangschale, deren Schwingungsfrequenz speziell ausgewählt wurde

Über die Einwirkungsdauer – die Zeitqualität

Über die Einwirkungsdauer gibt es verschiedene Erfahrungswerte. Eine sichere Variante ist es, das Wasser mit einer neuen Informierung, sei es ein Edelstein oder Worte, einen Tag und eine Nacht lang stehen zu lassen. In den vierundzwanzig Stunden haben die unterschiedlichen Bildekräfte eines ganzen Tag- und Nacht-Zykluses Gelegenheit einzuwirken.

Selbst ein Tag hat im Lebensnetzwerk ein eigenes Schema von Energie- und Lebensbedingungen. Die frühen Morgenstunden eines Tages repräsentieren das erwachende Frühjahr mit den entsprechenden formenden Impulsen und Kräften. Es beginnt gegen drei Uhr nachts, also in der Zeit vor der Dämmerung, und dauert bis ungefähr elf Uhr vormittags mit erwachenden, planenden und sich entwickelnden Kräften. Der folgende Zeitraum von acht Stunden, also von elf bis neunzehn Uhr, erstreckt sich über die ganze Mittags-, Nachmittags- und frühe Abendzeit und entspricht der Sommer- und Herbstqualität – aktives Tun und Umsetzen der Impulse mit biorhythmischen Höhen und Tiefen. In den letzten acht Stunden eines Zykluses, von neunzehn bis drei Uhr des alten und beginnenden neuen Tages, wirkt der Einfluss der winterlichen Qualität. Das Erkennen der Tagesergebnisse (der Ernten), das Ausruhen, das innere Verarbeiten und das Schöpfen neuer Kräfte sind die Impulse, die in diesem Zeitraum dominieren.

Wir können die natürlichen, kosmischen Rhythmen noch bewusster nutzen, je nachdem welche Qualität unser individuelles Heilwasser haben soll. Wenn zum Beispiel mehr Gelassenheit und innere Zufriedenheit angestrebt wird, könnte das Wasser in der „winterlichen" Abendzeit angesetzt werden. Ausführendes, aktives Handeln mit den Ebenen von Mut, Wachstum und Entwicklung von Fähigkeiten passen sinnvoll in die Sommer- und Herbstzeit. Die chinesische Organuhr, der ebenso biologische Rhythmen zugrunde liegen, gibt uns zusätzlich Hinweise für die unterstützende Einnahme von Medikamenten oder kann auch berücksichtigt werden, wenn wir ein individuelles Heilwasser zur Therapiebegleitung herstellen wollen.

Da Energiearbeit in Bruchteilen von Sekunden stattfinden kann, halte ich es auch für möglich, dass wir Menschen unsere Vorstellungen von der Einwirkungsdauer hier hineinprojizieren. Nur weil *in mir* ein Entwicklungsschritt eine gewisse Dauer erfordert, muss es nicht immer so sein, dass eine Neuinformierung von Wasser auch so lange braucht wie ich. Eine Erinnerung kann in meinem Gedächtnis blitzartig auftauchen – sie baut sich nicht über eine stundenlange psychische Arbeit auf. Es könnte also auch gut möglich sein, dass mit dem bewussten Schreiben einer Qualität ihre Energie unmittelbar aktiviert wird. Durch mehrmaliges Wiederholen oder mehrfaches Lesen des Begriffes *erinnere* ich immer wieder daran und erreiche dann beim Trinken des geprägten Wassers ein wachsendes energetisches Feld.

Das Neuinformieren des Wassers beginnt also mit dem Prozess in mir selbst. Von diesem ist es abhängig, wie lange ein Stein oder ein Wort einwirken soll. Wir können den Vorgang sichern, wenn wir es mindestens vierundzwanzig

Stunden in allen Energien der verschiedenen Tageszeiten ruhen lassen.

Informierung durch Edelsteine

Farbige Edelsteine und Kristalle üben seit unendlichen Zeiten ihren Einfluss auf alles Leben aus. Den Menschen faszinieren sie durch ihre Schönheit, ihre Formenvielfalt und ihre Eigenarten. Manche sind durch ihre Zeichnungen wie lebendige Bibliotheken unseres Selbst. Durch das Erforschen ihrer inneren Wachstumsstrukturen weiß man von ihren ordnenden Kräften, die ungeordneten Energien keinen Raum zur Ausdehnung lassen. Wo Licht ist, kann Dunkelheit nicht sein. Schatten zeigen lediglich noch Widerstände an. Edelsteine und Kristalle sind verdichteter Geist.

Das feinstoffliche Energiefeld des Edelsteins korrespondiert mit den Energiefeldern der Umgebung – so auch mit dem des Wassers, in das er hineingelegt wird. Die Größe des gewählten Edelsteins ist weniger wichtig als die Art. Für ein Glas Wasser reicht ein etwa fingerkuppengroßer Rohstein (ein naturbelassener, ungeschliffener Edelsteinbrocken), ein Trommelstein oder eine zwei bis drei Zentimeter große Kristall-, Amethyst- oder Citrin-Spitze. Für einen etwa einen Liter fassenden Glaskrug können sie etwas größer sein, oder es werden zwei bis drei Steine angewendet.

Viel wichtiger ist die Qualität des Edelsteins oder des Kristalls. Es sollten keine Steine ins Wasser gelegt werden, die Reaktionen stofflicher Art eingehen, wie zum Beispiel der Pyrit (oder pyrithaltige Steine), die schnell zu rosten beginnen, denn sie gehen über das Wasser oxidhaltige Verbindung ein. Auf keinen Fall sollten geklebte oder chemisch behandelte Steine benutzt werden; vielmehr sollte man unbedingt die natürlich belassenen wählen. Manche farbintensive Trommelsteinarten werden zum besonderen Glänzen und Verschönen gewachst. Wachsrückstände können mit warmem Wasser abgewaschen werden. Steine, die mit Säure- oder starken Laugenbädern behandelt werden, wie es bei den Calcit-Arten der Fall sein kann, sollten nicht für diese Art des „ins-Wasser-Legens" benutzt werden – was nicht heißt, das diese Steine keine Heilwirkungen besitzen.

Sensitive Menschen, die Erfahrungen mit solchen individuellen Heilwassern gesammelt haben, berichten, dass Wasser, in denen Rohsteine (gleich ob Bergkristall, Rosenquarz oder andere) lagen, *intensiver* schmeckt als Wasser, welches mit Trommelsteinen oder mit einer Kugelform entstand.

Die Form des Edelsteins ist wichtiger als die Größe. Ein naturbelassener, ungeschliffener Brocken, gleich von welcher Gesteinsart, informiert das Wasser, neben seinem individuellen Charakter der Zusammensetzung und der Wachstumsordnung, mit Ursprünglichkeit und Natürlichkeit. Je mehr ein Stein zeigt, dass er Schleifprozesse gesund überstanden hat, um so mehr wird auch das Wasser die Information von Reifungsmöglichkeiten übernehmen. Naturbelassene Spitzen bringen die Kraft der Ausrichtung oder Zielsetzung mit.

Am geeignetsten sind Primärsteine, das sind jene, deren Entstehungsprozesse während oder kurz nach Vulkanausbrüchen stattfanden. Sie sind Spiegelbilder unserer eigenen Ur-Potenziale und erinnern uns an die unverfälschten, ureigensten Veranlagungen. Solche Edelsteine sind: Achat, Amethyst, Aquamarin, Bergkristall, Karneol, Olivin und Rosenquarz. Alle Steine aus der Quarz-Serie (Kristall, Rosenquarz, Amethyst, Citrin und so weiter) sind für die Informierung von Wasser besonders gut geeignet, denn sie gehen nicht in Lösung über.

Steine aus der Sekundärbildung (langsame Sedimentablagerungen), wie zum Beispiel der kupferhaltige Malachit oder der Chrysokoll, sollten eher außerhalb des Wasserglases angebracht werden oder daneben liegen. Wenn man zum Beispiel mehrere kleinere Trommelsteine (oder auch Rohsteine) wie in einem kleinen Kranz um das Wasserglas oder den Krug anordnet, erzielt man den gleichen Effekt. Auch die in letzten Jahren sehr modern gewordenen Bead-Bänder können statt um das Handgelenk um ein Wasserglas gelegt werden.

Auch amorphe Edelsteinarten, wie der Bernstein, sollten nicht im Wasser liegen. Man kann ganz einfach den Stein außerhalb des Glases oder des Glaskruges befestigen, in dem man ihn in einen Baumwollschlauchverband (den es als *Stülpa* in Apotheken zu kaufen gibt) hineinsteckt. Es reichen drei bis vier Zentimeter des Schlauchs, den man dem unteren Teil des Glases (Finger-Schlauchverbandsgröße) oder dem Krug (Handgelenksgröße) überstülpt. Auf diese Weise kann man auch sehr kleine Edelsteine, wie Smaragd,

Rubin oder Saphir, *an* das Wasser bringen, ohne dass man sie versehentlich trinkt oder ausgießt. Die Energie des Steines wirkt auch durch das Glas – erinnern wir uns daran, dass das Bild des lachenden Kindes unter dem Glas von Masaru Emotos Versuchen lag und trotzdem ein wunderschönes Wasserkristallbild entstand.

Der Bergkristall ist reiner, klarer Kristallquarz mit mehr oder weniger Einschlüssen. Er enthüllt im Wort *Kristall* seine ganze Wirkung – Christus im All. Er aktiviert in uns das Christus-Bewusstsein und begleitet uns in den verschiedensten Lernstufen auf dem Weg ins Licht. Er ist der Lichtbringer, der in seiner Klarheit das ganze Farb- und Wirkspektrum enthält. Seine unermüdliche Liebe zum Leben belebt uns immer wieder neu, wenn wir uns aus Zwängen erlösen „lassen". Seine Auferstehungs-Impulse unterstützen einen Menschen, wenn er wieder neu anfangen muss oder will. Der Phantom-Kristall zeigt das ganz deutlich. Er weist Bergkristall-Spitzen auf, in deren Innenleben man sehen kann, dass das Wachstum eine Weile (und das können Tausende oder Millionen Jahre gewesen sein) ruhte, wodurch sich Ablagerungen, einer Staubschicht vergleichbar, auf der Oberfläche bildeten. Nach einem *Auferstehungs*-Impuls wächst er dann weiter.

Der Kristall gehört, wie alle Quarze, zu den gebenden Steinen und verschenkt alle Regenbogenfarben des sichtbaren und unsichtbaren Lichtspektrums. Seine Wirkungen sind auf alle Lebensprinzipien bezogen, *klärend, reinigend und kräftigend.* Sein Licht korrespondiert mit unserem inneren Licht und fördert die Entwicklung, die unserem inneren Wesen entspricht. Sein Wachstum beginnt in Gängen, Klüften und in Drusen, wenn sich eine reine Kieselsäure-Lösung in ein trigonales Kristallgitter hinein verfestigt. Dem Kristall liegt eine klare *innere Ordnung* oder Struktur zugrunde, die er selbst an jeden und an alles, wo er wirken darf, weiterschenkt. Besonders die naturbelassenen Kristallspitzen geben dem zu informierenden Wasser die Qualitäten der entwicklungsfördernden Ordnung, der motivierten Ausrichtung und nicht zuletzt des Durchhaltevermögens in längeren Wachstumsphasen.

Der opake bis klare, in allen rosafarbenen Tönungen vorkommende Rosenquarz strahlt Sanftheit aus, wobei hier nicht Nachgiebigkeit gemeint ist, sondern die Gewissheit, dass Zartheit und Milde zur rechten Zeit unendlich starke Mächte sein werden. Er wirkt auf die geistig-spirituelle Entwicklung, er initiiert sie sogar und begleitet den Reifeprozess. Eine Rosenknospe weiß in ihrem Inneren, dass sie eines Tages in all ihrer Schönheit erblühen wird – sie braucht nur noch etwas Zeit und eine Menge Vertrauen. Das vom Rosenquarz durchdrungene Wasser belebt unser *Urvertrauen, die Zuversicht in die Entwicklung* und vor allem unsere Geduld. Der Rosenquarz ist eine Steinqualität für jede Form von innerem Wachstum und Entfaltung.

Ähnlich wie beim Bergkristall, wirken die natürlich belassenen Spitzen oder ungeschliffenen Rosenquarz-Brocken sehr intensiv. Sie verbessern nachweislich die Qualität der Raumatmosphäre, wenn Computer-Monitore oder andere elektrische Geräte benutzt werden. Kristall- oder Rosenquarz-Wasser wirken, je nach unserer Sensitivität, über das Körperinnere auf alle Entwicklungsprozesse ein.

Der Amethyst variiert in der Farbe vom zarten Lavendel bis zum dunklen Violett. Er kann ganz dicht oder auch klar sein. Er zählt zu jenen Kristallquarzen, die sich in einer schwach eisenhaltigen Kieselsäure-Lösung in eine trigonale Struktur hineinkristallisieren. Schon seit jeher gehört der Amethyst zu den großen Heilsteinen, weil er unter anderem die Verbindung zur geistigen Welt und den Kontakt zur inneren Führung herstellt. Ist die innerste Heilkraft erst einmal aktiviert – und sie ruht in allem Leben, finden Intuition und Inspiration Wege und Möglichkeiten, um sich zu äußern. *Präsenz und Wachheit, Güte und Weisheit, Ehrlichkeit und Aufrichtigkeit* sind Qualitäten, die Amethyst-informiertes Wasser aktivieren. Auf der geistigen Ebene wirkt er reinigend, klärend und *das Bewusstsein erweiternd.* All jenen Menschen, die auf der „Suche auf einer falschen Ebene“ (= Suchtverhalten) sind, gibt er die Nüchternheit und Bewusstheit zurück, die Dinge so sehen und annehmen zu können, wie sie sind. Er erhöht die Konzentrationsfähigkeit und Effektivität im Denken und Handeln und fördert so die Überwindung von Verhaftungen und das unkontrollierte Verhalten von Süchtigen, egal ob es sich um die sichtbaren Süchte, wie Zigaretten, Alkohol oder Medikamente, oder um die schwieriger auszumachenden, unsichtbaren Varianten von Anerkennungssucht (workaholics) und Co-Abhängigkeiten handelt.

Der Amethyst wird gerade im Eintritt zum Wassermann-Zeitalter noch mehr an Bedeutung gewinnen, enthält er doch die Farbe Violett, die mehr und mehr den Herzraum und damit das Zentrum des Christus-Bewusstseins nährt. Wahre Herzensgüte steht auf der Entwicklungsliste an oberster Stelle.

Der Citrin – der Stein der Öffnung – kommt in den verschiedensten Gelb- bis zarten Brauntönungen vor, und so wie die Sonne, die ihre wärmenden, erweiternden Strahlen ohne Wertung auf alle gleich aussendet, wirkt auch der Citrin. Er ermöglicht ein „Sich-öffnen" im Sonnenzentrum (im Solarplexus), um weiter zu werden und der einengenden Angst entgegenzuwirken. Seine Energie stärkt das *Selbstwertgefühl, das Vertrauen und den Mut zu sich selbst.* Er verströmt eine positive, Mut machende Ausstrahlung und ist hilfreich bei „Abnabelungsprozessen" auf allen Ebenen.

Der Ametrin ist die Verbindung aus dem violetten Amethyst und dem naturgelben Citrin, die heilsame Gemeinschaft der mutigen Kraftzentrale im Solarplexus und der inneren geistigen Führung. Das Feuerelement der Erde hat einen Teil des Amethysts schon in den Citrin transformiert, der andere ist noch in seiner Qualität Amethyst – dabei ändert sich stofflich gesehen nur die Oxidationsstufe des Eisens durch Wärme.

Der Ametrin, beziehungsweise das Ametrin-informierte Wasser, schenkt uns die *Weisheit, die in „Verbindungen" wurzelt,* sowie die Fähigkeit, sich selbst treu zu bleiben und dennoch mit einem weiteren Anteil ein gemeinsames Neues zu bilden. So entsteht eine gesunde Form von neuer Gemeinschaft und gutem Miteinander.

Der Achat zeigt vielsagende, zur Projektion einladende Muster und Strukturen in zarten Linien und verschiedenen Farben, vorwiegend in grauen bis roten Tönungen. Achate werden allerdings oft gefärbt angeboten, weshalb Sie beim Erwerb nachfragen sollten, um sicherzugehen, dass er nicht chemisch behandelt wurde. Sein Wirkprinzip ist die *Geborgenheit und die Selbstannahme;* sich umhüllt und geborgen zu fühlen, gleich wo man ist – im Mutterleib während der Schwangerschaft, auf der Erde, in der Familie oder eben in sich selbst. Er fördert die Versöhnung mit der Erde auf den verschiedensten Ebenen. Der weiße Achat bestärkt darüber hinaus die Reinheit von Motivation und Lebenskraft. Er gehört zu der Steinqualität, die seit Urzeiten als Schutzstein und Glücksbringer angewandt wurde. Als Stein der Erde unterstützt er uns, um irdisches Gleichgewicht wiederzuerlangen, sollten wir es einmal verloren haben. Er zeigt uns vorbildlich, wie wir in unserer Heimat (in uns selbst) geborgen sind und Zutrauen in das Geschehen auf und in der Erde finden. Im Rahmen unserer irdischen Reifeprozesse geht es um den Rückzug und das Verinnerlichen ebenso wie um das Ausdehnen und Umsetzen, was insgesamt zu Wachstum und innerer Stabilität führt.

Berylle sind ebenfalls zur Informierung von Wasser geeignet, wenngleich sie oft nur als kleinere Trommelsteine erhältlich sind und somit eher von außen auf das Wasser einwirken können. Der Beryll gilt allgemein als ein das Bewusstsein fördernder Stein, der innere Augen öffnet – kommt doch unser Wort Brille vom Beryll mit seiner Erkenntnisfähigkeit. Innere Augen zu öffnen, bedeutet eine sensitivere Wahrnehmung, womit nicht nur das *Sehen,* sondern auch ein Aktiv-werden der noch schlafenden Sinnesfähigkeiten gemeint ist. Den Einsichten folgen Aussichten und umgekehrt. Wer den Weg sicher *im Auge* hat, kann nicht anders, als zielstrebig und in dem Vertrauen, für alles gut ausgerüstet zu sein, voranschreiten. Die Beryll-Familie ist eine sehr vielseitige große Gemeinschaft, vom gelb-goldenen Goldberyll, über klare (Goshenit) bis hin zu blaugrünen Beryllen. Der grüne Smaragd gehört zu ihr genauso wie der hellblaue Aquamarin.

Der Aquamarin trägt in seinem Namen gleich zweimal die Qualität des Wassers – *aqua* und *mare*. Er vermittelt uns die Weite und Heilkraft des Meeres, als symbolisches Bild für die Tiefe der Seele, und lädt uns ein, Vertrauen in das Versinken in die Tiefe zu entwickeln. Er ist ein Seelentröster, ein Balsam für geprüfte und suchende Seelen, er bringt Harmonie, Frieden und Stille mit sich. Er ist ein wundervoller Stein, der die menschliche Kommunikation (das Sichmitteilen) mit der seelischen Kommunion (das Sich-vereinen) verknüpft. In all dem unterstützt er unser Wachstum energisch – nicht nur „energetisch". Seine heiter-leichte, fast beschwingte Ausstrahlung ebnet uns manchmal den Weg ins Licht. Durch tiefe Lernprozesse hindurch führt der Pfad zu Lebensfreude, denn die Bewusstwerdung auf dem Weg ist das Ziel.

Der Karneol mit seinen verschiedenen orangefarbenen Tönungen belebt den Lebensfluss. Er stärkt in uns das ursprüngliche Gefühl, mit den Lebensprozessen mitfließen zu wollen und zu können. Seine Qualitäten sind freudige Vitalität und bewegende körperliche und geistige Kräfte. Er ist also nicht gerade ein Stein zum Ausruhen. Er wirkt anregend auf alle Organe, denn das wärmende Feuer im Karneol wirkt auf das Feuer in uns. Seine Aktivierungen richten sich besonders auf die Ausscheidungsorgane (Wasser – Lebensfluss – Reinigung) sowie auf die Durchblutung

(Lebensfluss – bewegende Kraft behebt Stauungen). Er lädt zu Veränderung und Wandel ein, eine wahre Quelle wärmender Kraft und Lebensfreude.

Der hellblaue, manchmal weiß gebänderte Chalzedon ist ein faseriger Quarz. Er galt schon zur Zeit Hildegard von Bingens als heilsamer Energiespender, wenn es um Themen des Hals-Chakras und der Kehle ging, gleich ob die Schilddrüse (Stoffwechseltempo), die Stimme (Mitteilen und Stimmung, der Redner-Stein) oder das Schlucken selbst außer Balance waren. Sein lichtes helles Blau erinnert an die Weite und Freiheit des Himmels und des Meeres, die Elemente Luft und Wasser repräsentierend. Er schenkt Ruhe, Gelassenheit und Ausgeglichenheit für angespannte Nerven und nährt so die innere Belastbarkeit.*)

Wählen Sie den Stein, der Ihnen am besten gefällt – denn was das Herz sucht, finden die Augen.

Prägung durch das Wort

Aus dem Johannes-Evangelium kennen wir den Satz: „Am Anfang war das Wort, und das Wort war bei Gott und Gott war das Wort." Klingende Worte als Elemente der Schöpfung lassen Geist und Körper zum sichtbaren Ausdruck und Resonanzboden werden. Ein Wort ist ein Impuls, es entstammt einem Gedanken oder Wunsch und beschreibt etwas Erfahrenes oder ein Ziel. Wort und Bedeutungsimpuls

*) Es sind hier nur wenige Steine beschrieben. In meinem Buch „Heilung durch Harmonie" finden Sie eine Fülle weiterer Informationen.

gehören zusammen, deshalb brauchen unsere Worte klare Gedanken und Gedanken klare Ausdrucksimpulse.

Im Folgenden ist das *Wort in Schriftform* gemeint, das gesprochene Wort wird später bei der Informierung durch Klang und Klangschalen erwähnt. Informieren wir das wie beschrieben vorbereitete Wasser, sollten wir uns klar darüber sein, welches Wort oder welchen kurzen Satz wir auf ein Blatt schreiben wollen. Sie können wie folgt vorgehen:

Anleitung:

- *Nehmen Sie ein kleines Blatt Papier und einen Stift.*
- *Nehmen Sie sich die Zeit, die Sie benötigen, und finden Sie Ihr passendes Wort (kurzer Satz),* um Ihr individuelles Heilwasser herzustellen.
- *Schreiben Sie das Wort achtsam, klar und deutlich auf das Papier* – bleiben Sie während des Schreibens im Kontakt mit der Bedeutung, dem Ziel oder der Absicht.
- *Legen Sie das Blatt mit der Schreibfläche zum Glas unter das Glas* – lassen Sie es eine gewisse Zeit (ideal sind vierundzwanzig Stunden, für alle formenden Kräfte eines Tag- und Nachtzykluses einwirken und trinken Sie das geprägte Wasser dann ganz bewusst.
- Sie können das geschriebene Wort so lange beibehalten, wie Sie es für stimmig halten (eventuell Wochen lang). Sollten sich Ihr Motiv oder Ihr Wunsch oder der körperliche Prozess ändern, schreiben Sie ein neues, der Situation entsprechendes Wort und verfahren wie oben beschrieben.

Bei der Wortwahl ist darauf zu achten, dass es ein ausdrucksstarkes Wort wie Vertrauen, Frieden, Liebe oder Reinigung sein kann. Der Satz „Reinigung auf allen Ebenen" drückt es womöglich für den einen oder anderen genauer aus. Wenn er aus Ihrem Inneren kommt, trägt er die entsprechende Schwingung und Stimmung mit sich – und genau das ist wichtig!

Auch Symbole sind denkbar, gerade dann, wenn Ihnen die Arbeit mit Symbolen vertraut ist, oder auch eine speziell dafür ausgearbeitete Zeichnung. Mich hat beim ersten Lesen von Masaru Emotos Buch sehr beeindruckt, dass eine Fotografie eines lachenden Kindes ein so ausdrucksstarkes Wasserkristall entstehen ließ. Also ist auch eine Fotografie denkbar – die Frage ist allein, welchen Informationsgehalt des Bildes ich verwenden möchte.

Ein wahres Zauberwort ist das OM. Gemäß der Veden ist der urzeitliche Klang OM die Quelle aller Manifestationen, aller Alphabete, aller Sprachen, aller musikalischen Töne, aller Materie. Alles, was geschaffen ist, kommt vom OM und geht zurück zum OM in die Auflösung.

Das Wort oder der kurze Satz sollten als Affirmation positiv formuliert sein. In einer Affirmation wird in knapper, positiver Form das dargestellt, was man gerne erreichen möchte. Mit dem gewählten Wort oder der Affirmation kommt automatisch ein Bild oder eine Verknüpfung für ein Ziel auf. Sie sind richtungsweisend für das Unterbewusstsein, und das Unterbewusstsein ist wirklich eine unendliche Schatzkammer.

Hier einige wichtige Hinweise bei der Wahl von Wörtern oder Affirmationen:

- *Formulieren Sie positiv und bejahend.* Zum Beispiel: Ich lasse frei – Es geht mir von Tag zu Tag besser – Lebensfreude – Frieden in mir – Dankbarkeit – Ich sage ja zu mir selbst.
- *Verboten sind Worte wie kein, nicht, nie, immer.* Das Unterbewusstsein kennt solche Begriffe nicht, und die *Gedankenheinzelmännchen* machen aus „Ich rauche nicht mehr" ein „Ich rauche mehr". Verwenden Sie auch keine Begriffe wie „angstfrei" oder „ohne Aggression", sondern ersetzen Sie sie mit „mutig" oder „gelassen".
- *Wählen Sie einfache, unmissverständliche Ausdrücke.*
- *Formulieren Sie Sätze möglichst kurz,* keine Nebensätze. Zum Beispiel: Im richtigen Moment tue ich das Richtige. Ich habe jede Unterstützung. Ich lasse geschehen.
- *Es soll realistisch sein.* Wählen Sie keine Ziele, die von vornherein eine Überforderung oder nicht möglich wären.
- *Beschreiben Sie den gewünschten Endzustand.* Kontraproduktiv sind Begriffe wie „werde", „demnächst", „in Zukunft" und ähnliche.
- *Verwenden Sie keine Krankheitsnamen.* Bei Asthma zum Beispiel: „Ich atme frei und leicht". Bei Gelenkschmerzen: „Flexibilität" oder „Ich bewege mich leicht".

Kinder können ab einem gewissen Alter sehr gut angeleitet werden, ein Wort oder einen treffenden Satz zu finden. Schon allein das Auswählen und Mitgestalten ist ein wesentlicher energetischer Prozess – nicht nur für und bei Kindern. Für schulische Förderung sind Sätze wie: „Ich bin stark", „Ich schaffe diese Aufgabe" oder „Ich weiß es zur rechten Zeit" hilfreich. Sie können sich vorstellen, wie dieses Wasser erst schmeckt, wenn Kinder in das Herstellen von dieser Art Heilmittel mit einbezogen werden!

Masaru Emoto und sein Team schrieben die Wörter mit Computerzeichen. Wollten sie die Worte neutral, ohne persönliche Beeinflussung schreiben? Sie schrieben *Danke* in Englisch und Japanisch – und bekamen unterschiedliche Kristallbilder.

Wenn Wasser ein Spiegel ist, der meine Gedanken reflektiert, ist die Verfassung des Schreibenden wichtig. Inwieweit die Computerschrift einwirkt, lässt sich nur schwer feststellen. Wesentlich bleibt, dass das Bewusstsein, was ich hier und jetzt bin, Auswirkungen auf alles im Hier und Jetzt hat. Auch auf das Wort, was ich jetzt schreibe. Wenn ich ein Wort aufschreibe, um ein Glas Wasser damit zu prägen, sollte ich mir der Qualität des Wortes und meiner Energie bewusst sein, in der ich *genau in dem Moment* bin.

Informierung durch Klang

Das Kapitel „Wasser und Frequenzen", besonders der Abschnitt über die Chladnischen Klangfiguren, zeigt, wie stark Schwingungen auf Wasser einwirken. Wir wissen aus unserer Erfahrung, wie intensiv Klänge uns und unsere Stimmungen beeinflussen. In Stress-Situationen können wir zum Beispiel eine entspannungsfördernde Musik wählen, während rhythmisch anregende eher zum Tanzen animiert. In Kino- und Fernsehfilmen werden im Bruchteil von Sekunden durch Klang und Rhythmus verschiedenste Stimmungen von Spannung, Mitgefühl, Trauer oder auch Angst erzeugt.

Es ist ein Urbedürfnis des Menschen, dem Klang oder dem Ton eine Form zu geben und die formende Wirkung des Tons für Harmonie und Gesundheit zu nutzen. Klang bringt den Menschen in *Ein-klang* mit sich und dem Kosmos. Östliche Kulturen verwenden seit Jahrtausenden so genannte Klangschalen. Sie ähneln den westlichen Glocken, die von einem Klöppel von außen oder von innen angeschlagen werden. Klangschalen und Glocken gibt es so lange, seit Menschen Metalle verarbeiten. Die Metallzusammensetzung bestimmt die Schwingungsqualität und den Klang. Alten Überlieferungen zufolge sollen Klangschalen mindestens sieben Metalle enthalten, die mit den Planetenkräften zusammenhängen.

Auch Glockenklänge faszinieren und lassen uns genauer hinhören oder besser *auf-hören.* Es sind Tongemische, in denen zwar ein Ton überwiegt, aber um diesen Ton herum erklingen noch viele andere Töne, von denen sich einige am Basiston der Glocke – oder eines Gongs – reiben. Glocken *rufen.* Wir hören genauer hin und verstärken die innere Wachsamkeit. Manche nennen ihren Klang spirituell; denn Kosmisches und Spirituelles wird in ihnen irdisch fassbarer Klang. Menschen aller Zeitalter und Kulturen empfinden Glocken als etwas Besonderes, ohne sich je darüber verständigt zu haben. Dies betrifft nicht nur die Glocken christlicher Kirchen und Kathedralen, sondern auch die Tempelglocken der Zen-Klöster und der asiatischen Welt.

Viele Jahrhunderte hindurch kam den Klangschalen im tibetischen und nordindischen Bereich eine wichtige Aufgabe zu – sie wurden als Essgeschirr benutzt. Gekochte Lebensmittel und Wasser wurden in ihnen mit den Mineralstoffen jener Metalle angereichert, aus denen sie hergestellt waren. Diese Nahrungsergänzung und die Schwingungen der Metalle über die Speisen und Getränke dienten dem Erhalt der Gesundheit.

Klangschalen geben sphärische Klänge frei, die den Menschen in Harmonie versetzen können. Jeder von uns kennt Klangerfahrungen. Ein Ton reicht aus, und der Körper erinnert sich. Manche Therapeuten arbeiten bewusst mit Klangschalen, um geistige Fortschritte, Neu-Orientierungen oder einfach harmonische und entspannende Erlebnisse zu verankern, damit sich der Mensch beim Anklingen des Tons erinnert. Mittels Klangschalen kann tiefste Entspannung bewirkt werden, auch ein Loslassen von Altem oder eine innere Leere – woraus wieder Neues entstehen oder aufgenommen werden kann. Körper und Geist werden neu ge*stimmt*. Wenn eine Saite eines Instruments gestimmt wird, wird die Spannung der Saite erst gelöst, um dann neu im Einklang zum Ganzen gespannt zu werden. Die Entspannung ist nicht das Endziel, sondern es folgt die Neuordnung.

Nach dem, was wir heute über Schwingungen, Frequenzen und Klang wissen, können wir ergänzen, dass wir einerseits den Ton hören, er aber gleichzeitig mit seinen Vibrationen in unserem Körperwasser und an den Zellmembranen massiert, sie in Bewegung setzt und hält.

Mittels Klangschalen kann man herrliche Wasser-Mandalas entstehen lassen. Auch mit Wasser, das bewegt wird, können Mandalas erzeugt werden (Chladnische Wasser-Klang-Bilder). Die auf der Oberfläche entstehenden Bilderstrukturen führen zur Konzentration und in die Mitte. Um ein Wasser-Mandala zu erzeugen, füllt man eine Klangschale bis zu einem Drittel mit Wasser. Wenn die Schale mit einem Klöppel von außen angeschlagen wird, fängt das Wasser an zu *tanzen,* und es formen sich wunderschöne Bilder oder Mandalas. Besonders Kindern kann man damit zeigen, was Wasser und Klang bewirken können. Sie können sich dadurch besser vorstellen, was der Klang im Körper des Menschen auslösen und was man mit durch Klang informiertem Wasser an Erinnerungen wecken kann.

Mit den Frequenzen von Klangschalen kann man gestresstes Wasser entspannen und von alten Schwingungen befreien. Zugleich ist das neue Informieren nicht auszuschließen. Das eine ist mit dem anderen eng verknüpft, und vielleicht begegnen wir immer wieder unserer Wunschvorstellung, dass ich *etwas isoliert* tun kann. Ich kann zwar meine Aufmerksamkeit auf einen Teil des lebendigen Netzwerks richten – dennoch geschieht alles zur gleichen Zeit, am gleichen Ort und miteinander in Kommunikation.

Klangschalen gibt es in verschiedenen Größen und Verarbeitungsweisen – daraus resultieren die unterschiedlichen Klänge. Man sollte eine Klangschale nicht aus einem Katalog bestellen, sondern sie zuvor *hören.* Der Klang muss stimmen. Während der Verkaufsberatung wird man auch die verschiedenen Möglichkeiten testen, wie man der

Klangschale die Töne entlocken kann. Es gibt Klangschalen mit breiten Klangspektren, mit hohen oder mit tiefen Tönen. Erfahrene Spieler können mit wunderbaren Klangschalen-Massagen den Körper (über die Einheit von Körper, Geist und Seele) verwöhnen. Vergessen wir nicht, dass mit Klang informiertes Wasser nur ein Medium für Heilung ist. Die Quelle unseres Wunsches liegt in uns selbst.

Anleitung:

- *Stellen Sie die Klangschale möglichst nahe neben das vorbereitete Glas Wasser* (oder den Glaskrug)*, aber ohne Berührung.*
- *Schlagen Sie mit einem Klöppel die Klangschale an* oder erzeugen Sie die Töne, indem Sie mit dem Klöppel am Rand entlang reiben (Letzteres erfordert etwas Übung).
- *Lassen Sie die Vibrationen ausklingen,* wobei Sie Wasser und Klangschale nicht berühren oder abrupt abstoppen sollten.
- Wenn Sie den Impuls verspüren, können Sie den Vorgang in gewissen Zeitabständen wiederholen. Seien Sie sich dessen bewusst, dass jedes neue Anklingen direkt auf Sie wirkt – und zusätzlich auf das Wasser.

Informierung durch Heilwasser-Konzentrate

Gudrun Dalla Via gibt in ihrem Buch über die Lichtwässer genaue Anleitungen, wie man die Wässer, die alle sieben Lichtfrequenzen enthalten, *reproduzieren* kann. Man gibt in das gefüllte Gefäß (Quellwasser oder Leitungswasser) auf einen Liter neun Tropfen des Lichtwassers. Nach einer Einwirkzeit kann das „neue" Wasser als Heilwasser angewendet werden. Eine Reproduktion bedeutet, dass das hergestellte Wasser identisch mit dem vorigen ist. Es findet weder eine Verdünnung noch eine Potenzierung statt.

Es ist denkbar, und so gehe ich seit Jahren vor, dass man mit selbst hergestellten Konzentraten aus Edelsteinwässern und über Wort- und Klang informiertes Wasser jegliches Trinkwasser verändert. Aus einem kleinen Glasfläschchen mit dem Konzentrat kann man mit einer Pipette einige Tropfen entnehmen und die gewünschte Information einfach übermitteln. Diese hergestellte *Verdünnung* enthält das Wesentliche, wenn auch nicht in gleich hoher Konzentration.

Es gibt auf dem Markt mittlerweile eine ganze Reihe von Urtinkturen und Konzentraten von allen möglichen Essenzen mit den unterschiedlichsten Schwerpunkten ihrer Wirkungen. Selbst die Bach-Blütenessenzen sind dazu geeignet. Gibt man einen Tropfen aus den *Stock-bottles* in ein Trinkglas, informiert man das Wasser und benutzt es als Trägersubstanz. Diese Art der Verdünnung erzeugt kleinste und sanfte Reize, die sehr förderlich sind. Die biologische Reizregel nach Arndt-Schulz sagt aus, das schwache Reize die Reizreaktionen eines lebendigen Organismus anregen und starke Reize sie eher schwächen als fördern.

Wenn wir Wasser aus einer besonderen Quelle – vielleicht aus einem Urlaubsort oder von einem für uns persönlich wichtigen Kraftplatz – mitnehmen, können wir es *homöopathisch potenzieren* und dann als Informationsdepot auf längere Zeit anwenden. Die Beschreibung, wie man das genau macht, finden Sie im Abschnitt über „potenziertes Wasser". Die Potenzierung ist im Vergleich mit der Reproduktion und der Verdünnung eine dritte Variante von Informationsweitergabe. Hier nutzt man gerade die durch Verdünnung *und* Verschüttelung erreichten immer fester werdenden Cluster-Strukturen als energetische Erinnerungsmöglichkeit. Wenn man das für den Potenzierungsvorgang verwendete Wasser-Alkohol-Gemisch vermeiden möchte und einen Hinderungsgrund für sich darin sieht, sollte man die oben erwähnten einfachen Methoden von Edelsteinen, Worten oder Klängen wählen, die immer wieder frisch hergestellt werden und keinerlei Konservierungen benötigen.

Es gilt zu beachten, dass Wasser ein lebendiges Element und mitgebrachtes Wasser nicht ewig haltbar oder konservierbar ist. Es ist ja gerade das Fließende, das immer wieder neu Wandelbare, was wir hier nutzen wollen, den aktuellen Situationen täglich neu angepasst. Im Grunde geschieht so vieles mit einem einfachen Glas Leitungswasser, dem Segnen zur Neutralisation und einem Blatt Papier, auf das ich meinen Impuls schreibe. Es bedarf keiner aufwendigen Verfahren. Wir greifen nur endlich auf unsere inwendige Schatzkammer zurück und aktivieren als Geschöpf den Schöpfer in uns. Wir vertrauen dem *handelnden Ich*-Anteil in uns.

Es mag sein, dass die Erläuterungen und Anleitungen zunächst verwirren und man den Eindruck von „Ich-muss-zu-viel-beachten" bekommt. Das wäre sehr schade. Es könnte und sollte vielmehr das Einfache anklingen; dass man nämlich mit dem eigenen Leitungswasser ohne viel

Aufwand Wesentliches zur Gesundheit oder zur inneren Harmonisierung beitragen kann. Es könnte die Freude am Ausprobieren erwachen. Die Einfachheit und die Ursprünglichkeit war gerade das, was mir bei Masaru Emoto zu Herzen ging. Diese feinstoffliche „Arbeit" ist nicht an mineralhaltiges oder ozonisiertes Wasser gebunden. Das wahre Chi ist davon unabhängig.

Das Wasser spiegelt mein Bewusstsein wider. Wo also *fange ich an,* dass ich mir zutraue, das heilsame Wasser zu trinken, was ohne Mühe für mich erreichbar und machbar ist. Die wahren Mühen liegen eher bei der Problematik, dass *ich es für möglich halte.* Mein Kopf und mein Verstand werden tausend Argumente „stofflicher" Art finden – die Desinfektion im Klärwerk, die Beschaffenheit der Wasserleitungen oder Verschmutzungen welcher Art auch immer. Je näher unsere Zivilisationen zusammenrücken, werden gute Erde, reines Wasser und frische Luft verändert. Dennoch gab es und wird es immer Heilungen geben – denn die beginnen im menschlichen Bewusstsein – und dieses kommuniziert mit den anderen Ebenen des Bewusstseins. Unser Universum ist voll gespickt mit verschiedenen Aspekten des „bewussten Seins".

Bewusst-sein heißt: *Ich weiß, was ich tue.* Bewusstsein hat etwas mit Willen zu tun, hat etwas mit meinem Willen und dem Willen der Schöpfung zu tun. Bewusst-Sein ist ein Ausdruck der Seele – und die Seele ist ein Energiepotenzial, das in ALLES hinein wirkt. „Bewusst" heißt nicht nur Wissen, es heißt: *Ja, ich will....*

Wenn Sie ein Heilwasser für jemanden anderen bereiten wollen, achten Sie bitte den freien Willen dieses Menschen. Wir sollten niemandem ein speziell informiertes Wasser anbieten, wenn derjenige nichts davon weiß. Macht und Machtmissbrauch liegen sehr dicht beieinander – auch wenn wir es vermeintlich noch so gut meinen und nur das Beste für jemanden wollen – gerade für unsere Kinder und kranke Menschen.

Die oben beschriebenen Impulse, informiertes Wasser zu bereiten, sollte jeder für sich selbst umsetzen. Neutralisiertes Wasser kann ohne Bedenken auch an Familienmitglieder oder Freunde weitergegeben werden. Wir können andere dazu anleiten, Wasser individuell zu informieren, wenn diese das wollen. Auch Kindern kann man mit einfachen Worten die Wichtigkeit von Wasser erklären, und da Kinder – je jünger um so mehr – mit den Elementen in ihrer formlosen Qualität noch sehr verbunden sind, fällt es ihnen leicht, sich *ihr besonderes Wasser* selbst zu gestalten. Gerade Schulkinder könnten vor den Hausaufgaben oder vor dem Schultag, an dem eine schwierige Klassenarbeit geschrieben wird, von ihrem selbst hergestellten Wasser trinken.

Kapitel 9

Potenziertes Wasser

Alles, was du von außen berührst und bewegst,
wirst du eines Tages im Innern berühren und bewegen.

Esther J. Jöst-Davatz

In verschiedenen Kulturen werden Essenzen von Blüten als eine Art *flüssige Energie* beschrieben. Nach einem uralten Glauben nimmt der Morgentau, der auf Blütenblätter fällt, die Energien der Blüte auf. Das heutige Wissen über das Clustering veranschaulicht, wie das Wesen oder die Essenz der Pflanze als eine energetische Fotografie vom Wasser aufgenommen wird.

Auch der englische Internist Edward Bach sammelte anfangs den Morgentau der Blüten, so wie es die Menschen der alten Kulturen taten. Dann fiel ihm auf, dass die Tropfen der sonnenbeschienenen Blüten wirksamer waren als die Tropfen beschatteter Blüten. Das Sonnenlicht schien die *Arznei* zu verstärken. Edward Bach verfeinerte die Herstellung seiner wirksamen Schwingungstinkturen, indem er die Blüten in eine mit reinem Quellwasser gefüllte Schale legte und sie mehrere Stunden in die Sonne stellte. Dann potenzierte er diese gewonnene Essenz und versetzte sie mit Alkohol für die Haltbarkeit.

Den Hintergrund des Potenzierens lernte Edward Bach aus den Büchern, die Samuel Hahnemann, der Wiederentdecker der homöopathischen Idee, hinterließ. Nichts kann neu *er*funden werden, nur im Raum des Wissens wieder *ge*funden. Im Bemühen um sanfte und dauerhafte Heilung und deren Erforschung kam Samuel Hahnemann zu der Erkenntnis, dass die Arzneistoffe, die nicht nur verdünnt waren, sondern zusätzlich verschüttelt oder verrieben wurden, eine wesentlich höhere Wirksamkeit zeigten. Diesen Prozess des rhythmischen Verdünnens, Verschütteln oder Verreibens nennt man *Potenzieren* oder auch *Dynamisieren.*

Durch das Potenzieren werden nach Hahnemann die verborgenen, inneren, geistartigen Kräfte (meinte er damit schon die Schwingungen der Kraftfelder?), welche auf die Lebenskraft Einfluss haben, extrem verstärkt. Man kann es sich so vorstellen, dass die innere Oberflächenstruktur des Mittels greifbarer, aufgeschlossener wird. Selbst Substanzen, die sonst keine Heilwirkungen haben, wie zum Beispiel das unten beschriebene Quellwasser aus den USA oder auch einfaches Kochsalz, werden so zu Heilmitteln für bestimmte Symptomenbilder.

Ich erinnere mich an den Bericht eines Psychotherapeuten, der während einer Sitzung mit einem Patienten ein Gefäß mit Wasser bereit hielt. Wenn es während der Behandlung zu einem Schlüsselsatz oder einer lösenden Erfahrung kam, bat er den Patienten, mit seiner eigenen Handschrift diesen Satz oder das individuelle Lösungswort auf ein Stück Papier zu schreiben. Dieses wurde dann an der Glasflasche mit

Wasser befestigt. Der Patient selbst musste diese Flasche anschließend kräftig schütteln. Täglich sollte der Patient einige Schlucke davon trinken, wieder mit Wasser auffüllen und neu verschütteln. So sollte er sich die nächste Zeit mit *seinem eigenen therapeutischen Erfolg* in Potenzierung behandeln, beziehungsweise erinnernd begleiten und erneuern.

Man darf die Potenzierung auf keinen Fall mit Verdünnung oder Reproduktion verwechseln. Die Lichtwässer von Gudrun Dalla Via werden in ihren Anleitungen reproduziert, das bedeutet, dass die nachfolgende Generation identisch mit der vorhergehenden oder ursprünglichen ist. Die homöopathische Potenzierung, als eine andere Variante der Informationsweitergabe, kann als Verdünnung und Verreibung erfolgen, wenn der Grundstoff ein fester ist. Im Bezug zum Wasser ist die Verdünnung und Verschüttelung die sinnvollere Vorgehensweise, um die Gedächtniswirkung des Wassers zu nutzen. Es ist wesentlich, dass wir nicht nur die Verdünnung als eine Art Dekonzentration im Sinn haben, sondern durch die Verschüttelung im Alkohol-Wasser-Gemisch ist erst die Aufschließung und Entfaltung der inneren Oberflächen des zu potenzierenden Mittels – in unserem Fall des Heilwassers – möglich.

Potenzierung von individuellem Heilwasser

Es ist denkbar, dass wir von einem ganz „besonders intensiven" selbst hergestellten Heilwasser noch mehr zur Verfügung haben wollen als die Menge, die gerade noch vorhanden ist. Es mag auch sein, das durch eine besonders schöne

Vollmondnacht oder andere Umstände eine ganz besondere Qualität entstanden ist. Vielleicht gehen wir auch auf Reisen und wollen nur ein kleines Pipettenfläschchen mitnehmen – oder wir kommen *von* einer Reise und bringen ein spezielles Wasser von dort mit. Weshalb auch immer wir gerade dieses Wasser „erhalten" wollen, es steht uns die Methode des homöopathischen Potenzierens zur Verfügung. Ich beschreibe den einfachen Ablauf, wie man für sich selbst eine Dezimalpotenz herstellen kann, die sich dann (auf Reisen oder ähnlichen Anlässen) wieder einsetzen lässt, indem man einige Tropfen in das Glas Trinkwasser hinzufügt.

Hier ist es sinnvoll, im tiefen Potenzbereich von D2 oder D3 zu bleiben. Es geht um das Erhalten und Weitergeben von Information (diesmal aus dem individuellen Heilwasser an eine Trägerflüssigkeit aus Alkohol und Wasser) und um Konservierung, also um die Gedächtniswirkung von Wasser. Zu bedenken ist, dass es keine neutralen Erfahrungsberichte von diesem potenzierten Stoff (hier individuell informiertes Wasser) gibt, und deshalb sollte es nur jener Mensch anwenden, der es hergestellt hat. Im Prinzip geht es um eine ganz individuelle Dynamisierung, einen ganz individuellen Prozess, den man nicht verallgemeinern sollte. Mit D12- oder D30-Potenzen würde man in den mentalen, geistigen Bereich hineinwirken.

Anleitung:

- Besorgen Sie sich ein Flachbodengläschen (mit Kunststoffverschluss) und zwei circa zwanzig Milliliter-Pipettenfläschchen (in jeder Apotheke erhältlich). Füllen Sie beide mit 30% medizinischem Alkohol (oder zwei Drittel destilliertem Wasser und einem Drittel Alkohol – mit einfachem Branntwein funktioniert es auch). Stellen Sie ein kleines Gefäß zurecht, in das Sie den jeweils entstehenden Rest hineinkippen können. Benutzen Sie ein sehr dickes Buch (am besten auf der Rückseite), auf dem Sie das Flachbodengläschen zum Verschütteln aufstoßen.

- Nehmen Sie mit der Pipette *einen* Tropfen Ihres zu potenzierenden Heilwassers in das Flachbodengläschen und geben Sie *neun* Tropfen des Wasser-Alkoholgemischs dazu. Verschließen Sie das kleine Fläschchen mit dem Kunststoffpfropfen.
- Nehmen Sie dieses Fläschchen mit den zehn Tropfen so in Ihre Hand, dass Sie das Ende (den flachen Boden) auf dem Buch federnd aufstoßen können. Mit mindestens zehn kräftigen, abwärts geführten Schüttelschlägen erhält man die erste Potenzstufe, die D1.
- Öffnen Sie das Fläschchen und kippen Sie (scheinbar) alles in das kleine Gefäß. Sie werden sehen, dass in diesem Flachbodengläschen immer ein Tropfen verbleibt (Adhäsionskräfte des Glases und Oberflächenspannung des Ausgangsmaterials lassen immer einen Tropfen zurück). Diesen brauchen Sie für die Herstellung der D2.
- Geben Sie also zu dem verbliebenen Tropfen D1 wieder neun Tropfen des Wasser-Alkohol-Gemischs, schließen Sie es und verschütteln wieder mindestens zehn Mal fest auf den Buchrücken. Sie haben die D2-Potenzierung hergestellt.
- Falls Sie bei der D2 bleiben wollen, dekantieren Sie das Fläschchen in die zweite Pipettenflasche und schütteln Sie diese entstandene Mischung gut durch (Sie brauchen es nicht auf das Buch aufzustoßen). Mittels der Pipette kön-

nen Sie nun Ihr potenziertes Heilwasser tropfenweise einnehmen oder es tropfenweise in Ihr Trinkwasser geben.

- Falls Sie die D3-Potenzierung herstellen wollen, dekantieren Sie das Flachbodengläschen wieder in das kleine Gefäß und geben zu dem im Röhrchen verbleibenden Resttropfen wieder neun Tropfen und verschütteln mit festen Schlägen auf das Buch. – Und so weiter, falls Sie Erfahrungen mit der D4 oder D5 machen wollen. Die gesammelte Flüssigkeit in dem kleinen Gefäß, in das dekantiert wurde, kann verworfen werden.
- Bezeichnen Sie Ihr Wasser, zum Bespiel mit dem Namen der Quelle und dem Herstellungsdatum oder mit Ihrem Namen und dem Datum.

Die Herstellung der D-Potenzen in der so genannten Korsakoff'schen Einglasmethode bezieht sich auf das Dezimalsystem – *decca* heißt lateinisch zehn. Ein Anteil oder Tropfen Ausgangsstoff und neun Anteile Verdünnung ergeben zehn Gesamtteile. Es ist natürlich auch möglich, in C-Potenzen Heilwasser herzustellen. C kommt vom lateinischen *centum*, dazu braucht man zu einem Anteil Ausgangsstoff neunundneunzig Anteile oder Tropfen Verdünnung. Ansonsten ist es der gleiche Ablauf des Verschüttelns.

In der Homöopathie gibt es (bis jetzt) ein Mittel, das als potenziertes Mineralwasser im Prüfungs- und Erfahrungsfeld ist. Es ist *Sanicula aqua*, das Wasser einer sehr mineralhaltigen Quelle in den Vereinigten Staaten. Es wurde erstmals 1890 (!!) von J. P. Gundlach geprüft, und viele Jahre später wurden seine Erfahrungen von anderen Homöopathen bestätigt.

Auch bei den Bachblüten kommt in einer der achtunddreißig Essenzen eine vor, deren Grundlage Wasser ist. Sie heißt Rock Water, das Wasser, in dem die Kraft einer Heilquelle zur Wirkung kommt. Bei den Orchideen-Blütenessenzen ist es das Wasser des Amazonas, das heilkräftige und unterstützende Anwendung findet.

Sanicula aqua – potenzierte Mineralwasserquelle

Das homöopathische Mittel Sanicula aqua wird aus einer Mineralwasserquelle aus Ottawa (Illinois) in den USA hergestellt. Es ist ein sehr mineralhaltiges Wasser, das neben Natrium, Magnesium, Kalzium und Kalium auch Eisen, Aluminium und Spuren von Lithium enthält. Das Wasser der Sanicula-Quelle ist ohne Geruch oder Farbe und hat einen angenehmen, leicht alkalischen Geschmack.

Das hervorstechendste Merkmal von Sanicula aqua bei den homöopathischen Prüfungen ist Schwäche und Abmagerung. Der geistige Zustand bei der Schwäche von Sanicula ist durch fehlende Energie und fehlende Beständigkeit in den Vorsätzen charakterisiert. Sanicula aqua-Typen springen von einer Arbeit zur anderen und beenden niemals etwas wirklich. Es ist auch starke Niedergeschlagenheit vorhanden, die mit einem Gefühl von drohendem Unglück verbunden sein kann. Die Betroffenen sind eher dünn und sehen alt aus, besonders die Kinder.

Sanicula-Kinder sind stur, sehr eigensinnig, werden zornig und werfen sich nach hinten. Sie sind reizbar und schauen sich dauernd nach etwas Neuem um. Sie sind rastlos und fangen dauernd etwas Neues an, ohne es zu beenden. Erwachsene haben immerzu neue Ideen und Vorsätze, die sie dann aber doch nicht umsetzen oder einhalten.

Körperlich wirkt Sanicula auf die Ernährung und Verdauung. Kinder erbrechen die Milch oder dick geronnene Klumpen bald nach dem Stillen. Speisen haben einen langen Nachgeschmack und werden im Magen sauer. Bei allen, ob Kind oder Erwachsener, sind laute Gurgelgeräusche im Bauch zu hören. Charakteristisch ist eine langsame Verdauung, es kann Verstopfung gleichermaßen wie Durchfall vorkommen. Die abgehenden Stühle sind aus einer einzig schweren großen Masse oder auch trocken und sehr schwer und schmerzhaft loszulassen. Selbst durch starkes Pressen schlupft der Stuhl wieder zurück. Auffallend ist der faulige Geruch, der an verdorbenen Käse erinnert. Überhaupt sind die Gerüche von Sanicula charakteristisch, es ist ein Geruch von verfaultem Käse oder nach Fischlake, und kein Waschen kann diesen Geruch beseitigen.

Die geringe Vitalität von Sanicula zeigt sich auch darin, dass neben Händen und Füßen auch andere Körperteile kalt und klebrig sind. Die Haut juckt und sieht schlecht ernährt aus mit schmutzigem, fettem, eher bräunlichem Aussehen. Es gibt hartnäckige Ausschläge, kalten klebrigen Schweiß an Händen und Füßen. Der faulig riechende Schweiß lässt sogar die Fußzehen wund und die Socken hart werden. Der Kopf weist trockene, schuppige Haut auf, ebenfalls reichlichen Schweiß, besonders am Hinterkopf, und am auffallendsten nachts. Es besteht die Neigung zu kleinen Furunkeln auf der Kopfhaut, die nicht reif werden.

Sie sind empfindlich für Luftzug am Kopf, und die Haare sind wie elektrisch aufgeladen und knistern beim Kämmen. Sie haben manchmal ein berstendes Gefühl am Kopf, überhaupt fühlen sie oft etwas „zum Platzen voll".

Die Empfindlichkeit der Nerven ist extrem erhöht, und es ist eine allgemeine und lokale Unverträglichkeit gegen die geringste Erschütterung vorhanden. Dies führte zu seiner erfolgreichen Anwendung bei Übelkeit und Erbrechen beim Fahren mit der Eisenbahn oder bei Schiffsreisen. Gebessert werden Sanicula-Symptome im Freien, durch Ruhe und durch Wärme. Verschlechterungen erfahren sie bei Überanstrengungen, beim Bewegen (besonders beim Abwärtsbewegen), durch kalten Wind am Hinterkopf oder im Nacken und durch Erschütterungen jeder Art.

Das sind einige Auszüge aus dem Erfahrungsbild von Sanicula aqua. Es gilt als ein Polychrest, das heißt, es ist ein ausführlich geprüftes Mittel, das als Konstitutionsmittel ebenso wie organspezifisch eingesetzt werden kann.

Die Bach-Blüten-Essenz Rock Water – heilkräftiges Quellwasser

Ich werde in diesem Zusammenhang nicht auf die vielfältigen Helfer, die Edward Bach seit 1930 gefunden hat, eingehen, denn dazu gibt es umfangreiche Literatur. Es sind wunderbare Essenzen, die an den Schaltstellen unserer Persönlichkeit wirken. Edward Bach nannte seine „happy fellows" (glücklichen Gesellen) Nahrung für suchende Seelen. Sie gelten als „Blüten, die die Seele heilen" – außer einer Essenz, die nicht pflanzlicher Herkunft ist, sondern eben das Wasser einer heilkräftigen Quelle.

Mit der Essenz von Rock Water fand Edward Bach eine wundervolle Unterstützung, um dem Gemüt Spontaneität, Flexibilität und Sanftmut zu übermitteln. Sie aktiviert in uns die gesunde Anpassungsfähigkeit. Bei Naturvölkern ist das Quellwasser *die Milch der Erdenmutter*, mit dem sie alle Lebenskeime nährt und physische und psychische Fruchtbarkeit und Erneuerung bewirkt. Die Essenz von Rock Water unterstützt Menschen, deren extrem hohe Ideale und unerschütterlichen Prinzipien in seelische Erstarrung führen. Diese energetischen Zwangsjacken verstärken persönliche Strenge und Starrheit in ihnen und hindern sie am Ausleben von gesunder Spontaneität. Ideale sind im angemessenen Rahmen wichtige Wegweiser, sie müssen aber nicht zu inneren Maßstäben werden. Rock Water führt vom verkrampften Lebenskampf in Gnadenlosigkeit und Sturheit in die flexible Wellenbewegung des Lebensflusses.

Die Blütenessenz fördert und unterstützt innere Beweglichkeit und Sanftheit sowie auch das Nachgeben, ohne sich selbst dabei zu verbiegen. Sie beleuchtet die weibliche Seite in der Frau ebenso wie im Mann. Sie spricht die weiche und passive Seite in uns an und damit auch die Toleranz, das Fließen unserer Energien und das ehrliche innere Loslassen, damit wir innere Freiheit erfahren.

Mit der Essenz von Rock Water lernt man, mit sich und anderen nachsichtiger und sanfter umzugehen; zu erkennen, dass sich inneres Wachstum nicht durch äußere Anstrengungen erzwingen lässt. Überlassen wir uns vertrauensvoll dem Lebensfluss. Ohne die Liebe zu uns selbst und zu anderen *trocknet die Seele aus und erstarrt.*

Das Amazonas-Flusspräparat der Orchideen-Essenzen

Der Amazonas, als der größte Fluss unseres Planeten, durchfließt ein Waldgebiet, das aufgrund der Artenvielfalt der dort lebenden Pflanzen und Tiere als das energetisch wichtigste Gebiet der Erde eingestuft werden kann. Dieser gigantische Fluss durchzieht den südamerikanischen Kontinent parallel zum Äquator. Die beiden Erdhemisphären solchermaßen vereinigend, kann er als eine der Hauptschlagadern unseres Planeten angesehen werden.

Das Amazonas-Präparat wird nach der Kristallmethode (mittels einer Quarzkristallgeode) hergestellt und bringt uns mit der gewaltigen Energie dieses Flusses in Verbindung. Es führt uns in das Zentrum der Erde. Wir entwickeln durch diese Essenz ein Verständnis für unseren Planeten und alle auf ihm lebenden Wesen. Auf physischer Ebene entspricht der Amazonas unserer Wirbelsäule und hat sich bei Rückenschmerzen bewährt. Er bringt unsere Lebensenergie in Fluss, wodurch sich Blockaden in uns auflösen und von dem starken Strom gleichsam weggespült werden.

Die Orchideen-Essenzen von Andreas Korte und Antje und Helmut Hofmann, zu denen die Amazonas-Essenz gehört, sind 1990 erstmals zusammengestellte Präparate, die besonders auf die feinstofflichen Chakras einwirken. Blumen, Sträucher und Bäume sind mit ihren Wurzeln in der Erde verankert und haben Einfluss auf unser physisches Sein und üben darüber hinaus in unserer Feinstofflichkeit Wirkung aus. Orchideen aus dem Amazonas-Gebiet sind Pflanzen, die als höchste Entwicklungsstufe pflanzlicher Evolution angesehen werden können. Sie leben wie Gäste in den *oberen Stockwerken* der Bäume und führen dort, wie andere Epiphyten auch, ein vom Baum unabhängiges und eigenständiges Leben. Ihre Essenzen sprechen direkt die höheren Chakras und die Engelwelt an. Sie stellen in einer anderen Variante den Kontakt des Menschen und der Erde mit dem Kosmos und den verschiedenen Bereichen der unsichtbaren Welt dar.

Kapitel 10

Lösung – Auflösung – Er-lösung

Wer den Tropfen kennt,
sieht das Meer mit anderen Augen.

Täglich benutzen wir Wasser als Lösungsmittel, in den verschiedensten Varianten. Eine kleine Geschichte vom Salzkristall veranschaulicht *die Lösung.* Ein kleines, fröhliches Salzkristall wanderte mit dem Wind durch die Landschaft. Es kam in die Nähe des Ozeans und fragte voller Neugier:

„Hallo, Meer, du machst wunderschöne Geräusche, du siehst unendlich groß aus, so weit und eben. Darf ich dich berühren, wie schmeckst du? Wer bist du, Meer?“

„Ja“, antwortete das Meer. „Wer bin ich? Das ist eine gute Frage. Für manche bin ich lebensspendende Mutter, bin ich Raum zum Leben, für andere ein Huckepack-Transportmittel, wenn sie von hier nach dort wollen, für noch andere bin ich der feindliche Tod.“

„Oh, das klingt aber interessant, aber es macht mir auch Angst. Ich will mehr wissen von allem, was ist, sterben will ich dabei noch nicht. Habe ich doch gerade erst erfahren können, wie groß und stark ich durch den Wüstenwind gewachsen bin.“

Das Meer schmunzelte und sagte: „Sterben ist etwas Alltägliches, wir sterben dauernd und werden neu in anderer Weise. Sterben ist eine vielschichtige Veränderung. Für deine äußere Form wäre ich der außen sichtbare Tod; denn wenn du mich berühren willst, wirst du dich als Salzkristall auflösen. Dann wärst du mit mir eins, tief verbunden. Das nennt man Transformation. Wenn du von etwas Altem loslässt, dann bist du frei für Neues. Auch ich hätte meine frühere Form oder mein eigenes So-sein jetzt nicht mehr, wenn ich dich aufgenommen hätte. Wir sind dann eine Lösung, sind eins geworden."

„Hmm, das klingt spannend, aber ich kann mir das gar nicht vorstellen, wie das sein könnte. Mich aufzulösen, wo ich mich doch gerade erst kennengelernt habe? Tief in mir drin will ich die Wahrheit erfahren, aber es macht mir auch Spaß, das zu leben, was ich jetzt gerade bin. Könnte ich denn wieder zurück, wenn mir das Neue nicht gefiele?", fragte das Salzkörnchen.

„Jedes Lernen hat Konsequenzen. Willst du wirklich vergessen, was du neu erfährst? Wer die Wahrheit erfahren will, braucht Mut zum Wandel. Du hast deine Zeit zu wählen."

Und das Meer bewegte sich in Wellen wie bisher – an diesem Tag sanft – auf das Land zu und wieder weg. Es sah von außen so aus, als würden zarte Wellen mit den kleinen Kieselsteinchen spielen, dabei wurden jene geschliffen. Das Salzkristall schaute dem eine ganze Weile zu. Es zögerte, dennoch wuchs tief in ihm die Spannung, die Freude, sich vom Alten zu lösen und neu zu werden. Dann endlich ließ es sich vom Wind noch näher tragen, und irgendwann sah es so aus, als hätte das Salzkristall das Wasser geschmeckt. Es sah so aus, als würde es immer kleiner – bis es nach einer Zeit nicht mehr zu sehen war. Dem Meer sah man keine Veränderung an.

Im wässrigen Milieu, im magnetischen Resonanzfeld des Dipols Wasser, lösen sich Salze auf und gehen mit ihren eigenen positiv und negativ geladenen Anteilen an die entgegengesetzt passenden Teile des Wassermoleküls. Das passiert pausenlos innerhalb unseres Blutes und im Zellwasser. Unzählige Neukombinationen ermöglichen so Reaktionen im Stoffwechsel unseres komplex ineinander verwobenen Organismus. Indem sich ein Salzkristall auflöst, verändert sich seine Oberfläche. Sie wird größer und gibt neue Ansatzpunkte frei. Eine gewisse Distanzierung einzelner Elemente ermöglicht ein neues Zusammenfinden. Innere Oberflächen entfalten sich.

Wenn eine Substanz in Lösung geht, sind beide – wie in der Geschichte „Das Salz und das Meer" – nicht mehr wie vorher. Aus der Perspektive des Salzkörnchens ist es Auflösung – das alte Salzkorn gibt es nicht mehr in der Form, das Natrium- und das Chlorid-Teilchen sind neue Verbindungen eingegangen. In der Entstehungsgeschichte von Edelsteinen gibt es den Prozess der Metamorphose. Wenn über lange Zeit abgelagerte so genannte Sekundärsteine wieder mit dem Feuer der Erde in Kontakt kommen, lösen sich die Bestandteile auf, werden eingeschmolzen, und es entstehen die Tertiärsteine, die mehr als nur ein neues Gemisch der einzelnen Anteile sind.

In der Herstellung der homöopathisch potenzierten Mittel nimmt man sich genau das zu Hilfe. Ein Material, das in einer Alkohol-Wasser-Lösung aufgelöst und „verdünnt" wird, lässt sich so besser und tiefer aufspalten. Oft wird es durch Lösung überhaupt erst zugängig. Nur durch die

Potenzierung, das in mehreren Schritten erfolgende Verdünnen, Verreiben und Verschütteln, überträgt sich eine Information – die Botschaft eines Stoffes – auf einen neuen Träger.

Was heißt das Lösen für unser Menschsein? Wie geschieht Lösung in unserem Lebenswasser? Welche Wasser lösen Verkrustungen am Herzen? Was spülen Tränen, die nichts anderes als Salzwasser sind, fort? Was geschieht, wenn wir uns *aufgelöst* fühlen? Ist dann etwa nicht auch unsere innere Angriffsfläche, unsere innere Oberfläche größer? Auch einsehbarer für Lösungsmöglichkeiten? In dem Begriff Er-lösung steckt ebenfalls Lösung. *Er löst!* Erlösung ist ein Akt der Gnade, des Zu-fallenden. Ein Geschenk, wenn wir uns in die Lösung führen lassen. Frei sein, losgelöst sein von Ballast, von Unwichtigem. Frei und gelöst für das Hier und Jetzt. Wenn sich etwas *in Luft auflöst,* ist es in seinen Bestandteilen noch vorhanden, nur jetzt in neuer Kombination. Rauch löst sich auf, indem er sich in der umgebenden Luft verdünnt. Nichts geht verloren, wir ändern nur Bedingungen.

In unserem Sprachgebrauch reden wir von Erlösung, wenn zum Beispiel ein leidender Mensch starb und von seiner Krankheit erlöst wurde. Ein Wesen wechselt die Lebensenergie-Ebene. Womöglich ist es so, dass der materielle Körper erlöst ist und die Seele samt den gesammelten Erfahrungen auf der geistigen Ebene eine neue Verbindlichkeit eingeht – und sich irgendwann für eine neue Inkarnation in neuen Umständen mit neuen Aufgaben entscheidet. Eine Lösung, gleich welcher Art, kann eine Entkopplung aus dem bisher Vertrauten sein. Aber selbst wenn wir für eine Zeit entkoppelt sind, sind wir nie allein, irgendetwas ist immer um uns und lädt uns zu etwas Neuem ein.

Wir wissen durch die naturwissenschaftliche Medizin von vielen „wässrigen Vorgängen" im grobstofflichen Körper, im Blut, in der Lymphe, in der Gehirnflüssigkeit, die wir Liquor nennen, in den Schleimhäuten und in der feuchten Luft der Atmung über die Lungen und über die Haut. Wir können nur erahnen, welchen „wässrigen" Stoffwechsel es in den feinstofflichen Körpern gibt. Was löst sich im Wasser des Mentalkörpers, in unseren Gedanken und Impulsen, den komplexen Gedankenmustern, den übernommenen und selbstgemachten Programmen? Was bewirkt lösendes Wasser im Emotionalkörper, in den Gefühlen und deren Prägungen? Und welche Auflösung und Erlösung erfahren wir in den spirituellen Körpern, über Gedanken und Gefühle hinaus?

Kapitel 11

Zusammenfassung

Nutzen wir, was wir können!
Dem Schöpfer im Geschöpf eine Chance geben.

- Das Wasserelement ist der Mittler zwischen der Welt des Stofflichen und der Welt der Kräfte.
- Unterschätzen wir Wasser als Lebens- und Heilmittel nicht mehr länger und steigern wir seine Effektivität, denn ohne Wasser geschieht nichts im LEBEN.
- Nutzen wir das um uns vorhandene Wasser (Thema Qualität) als ein Transportmittel per excellence.
- Wir unterstützen jede Art einer Behandlung, wenn wir mehr Wasser (Thema Quantität) als bisher trinken und das individuell hergestellte Wasser *bewusst* trinken.
- Wir können die täglichen Loslass-Vorgänge (stofflicher und nicht-stofflicher Art) effizienter werden lassen. Wasser wirkt durch das, was es mitnimmt, und nicht nur durch das, was es mitbringt. Wasser ist kein Mineralstoffversorger.
- Besonders vor jeder Arbeit (ob Sport für körperliche und geistige Fitness, ob vor Schularbeiten, Arbeiten am Computer oder anderen geistigen Arbeiten) ein Glas Wasser extra trinken.

- Eine halbe Stunde vor und circa zwei Stunden nach dem Essen ein Glas Wasser zur Bereitung der Verdauungssäfte und anschließend für die Verdauung und den Weitertransport im Darm ein bis zwei Gläser Wasser trinken.
- Das neue Verständnis über Wasser (Hintergrundwissen und eigene Erfahrungen) sorgen nicht nur für einen lebendigeren Stoffwechsel, sondern integrieren aktiv das Zeitgeistgeschehen
- Die neuen Aktivitäten beginnen im mentalen Bereich. „Es für möglich halten" und die Kraft der Gedanken, Worte, Klänge und Ähnliches zum heilsamen Nutzen für sich anwenden.
- Die eigenen inneren geistig-psychischen Fähigkeiten anerkennen.
- Das *handelnde Ich* in uns selbst aktivieren und das Wasser trinken, das wir selbst wollen.
- Den *inneren* Durst mit individuell informiertem Wasser stillen. Unser feinstofflicher Körper ist unterernährt, wenn er nicht fließt.
- Die wirklichen Quellen in uns selbst finden und annehmen (anerkennen). Chi ist unendliche Energie, die Quelle des Lebens – wir haben sie geerbt und können sie als Brunnen ehren, aus dem unser Dasein quillt.
- Mit jedem neuen Tag die neuen Chancen annehmen.
- Den Schöpfer im Geschöpf offenbar werden lassen.
- Jeden Tag neu die eigene Mitte finden und für die Optimierung des eigenen täglichen Trinkwassers wach sein.
- Ein tägliches Ritual mit/durch Wasser zusammenstellen. Die Kraft der Rituale liegt in der wiederkehrenden, mit der Zeit vertrauten Struktur. Sie fördern (neue) innere Ordnung.

Nur wenn wir Zusammenhänge verstanden haben, können wir sie neu bewältigen und uns aus dem alten *Fahrwasser* lösen. Nehmen wir unser Leben in die Hand, geschieht etwas ganz Sonderbares: Niemand ist da, den wir noch verantwortlich machen können.

Anmerkungen

1. Alexander Lauterwasser: „Wasser – Klang – Bilder" AT-Verlag 2002, Aarau/Schweiz – Seite 13
2. Zeitschrift „Hagal – die allumfassende" 6. Jahrgang aus 2003, Seite 37
3. Lauterwasser, s.o. –Seite 65
4. Gudrun Dalla Via: „ Lichtwässer und ihre Heilkräfte" AT-Verlag 2003, Aarau/Schweiz – Seite 17
5. Lauterwasser, s.o. – Seite 117
6. Lauterwasser, s.o. – Seite 31

Literaturliste

- Alexander Lauterwasser: „Wasser – Klang – Bilder – die schöpferische Musik des Weltalls" AT-Verlag, Aarau/Schweiz 2002
- Masaru Emoto: „Die Botschaft des Wassers", HADO Kyoikusha Co., Ltd., Koha- Verlag, Burgrain, 2003
- Gudrun Dalla Via: „Lichtwässer und ihre Heilkräfte", AT-Verlag, Aarau/Schweiz 2003
- Dr. Barbara Hendel/Peter Ferreira: „Wasser und Salz", Ina-Verlag, ISBN 3-00-008233-6

- Hans Kronberger/Siegbert Lattacher: „Auf der Spur des Wasserrätsels“, mvg-Paperbacks, 1995
- Dr. Normann W. Walker: „Wasser und Ihre Gesundheit“, Waldthausen-Verlag in der Natura Viva Verlags GmbH, Weil der Stadt, 2002
- Michel Schiff: „Das Gedächtnis des Wassers“, Zweitausendeins, Frankfurt/Main, 2001
- Dr. F. Batmanghelidj: „Sie sind nicht krank, Sie sind durstig!“, VAK-Verlag, Kirchzarten bei Freiburg, 2003
- Klaus Oberbeil: „Schlankheitsformel Wasser“, Südwest-Verlag, München, 2004
- Marco Bischof: „Biophotonen – das Licht in unseren Zellen“, Zweitausendeins, Frankfurt/Main, 2002
- Amanda Cochrane/Clare Harvey: „Die Enzyklopädie der Blütenessenzen“, Aquamarin-Verlag, Grafing, 1996
- Anita Bind-Klinger: „Aura-Soma, Bach-Blüten und Reiki“, Aquamarin-Verlag, Grafing, 1998
- Anita Bind-Klinger: „Aura-Soma und Homöopathie“ Aquamarin-Verlag, Grafing, 2003
- Anita Bind-Klinger: „Heilung durch Harmonie“, Aquamarin Verlag, Grafing 1996
- Renate Sperling: „Vom Wesen der Edelsteine“, Aquamarin-Verlag, Grafing, 1994
- Michael Gienger: „Die Steinheilkunde“, Neue Erde, Saarbrücken, 1995
- Joachim-Ernst Berendt: „Nada Brahma – die Welt ist Klang“, Rowohlt Taschenbuch Verlag, Hamburg, 1994
- Clarissa P. Estés: „Die Wolfsfrau“, Heyne-Verlag, München, 1992
- Peter Hess: „Klangschalen für Gesundheit und innere Harmonie“, Ludwig-Verlag, München, 1999

- Ananda Kurt Pilz: „I Ging – Urbilder der Schöpfung", Urania-Verlag, CH-Neuhausen am Rheinfall, 2000
- Jens-J. Schlegel: „Water Man – Der Geist des Nazareners", Satori-Verlag, Regensburg, 1998